AF534363

Wilhelm Schmid

Vom Glück der Freundschaft

Mit Illustrationen von Alexandra Klobouk und Eva Gonçalves

Insel Verlag

Insel-Bücherei Nr. 2505

Inhaltsverzeichnis

Vorwort

Die Freundschaft gewinnt immer mehr Freunde! Das ist erfreulich, aber waren es nicht immer schon viele? Ja, aber nicht immer aus denselben Gründen. In einer vormodernen dörflichen Welt ließ es sich kaum vermeiden, mit allen *mehr oder weniger* befreundet zu sein. In einer modernen städtischen Welt hingegen muss nach Freunden gesucht werden wie nach seltenen Pflanzen, auch das Internet muss dafür herhalten, wie für alle Verzweiflungstaten. War die Freundschaft einst eine

Beziehung fürs Leben, sofern nichts Schlimmes dazwischenkam, ist im Laufe der Moderne aus ihr, wie aus der Liebe, eine Lebensabschnittsbeziehung geworden, die so lange vorhält, bis man sich eben wieder aus den Augen verliert.

Wertvoll ist sie dennoch, denn die Freundschaft bildet ein Gegengewicht zu den funktionalen Beziehungen, die das Leben in der modernen Lebens- und Arbeitswelt zum Teil leichter, zum anderen Teil aber schwerer machen: Leichter, da diese Welt auch dann gut funktioniert, wenn die Menschen sich gar nicht persönlich kennen. Schwerer, da sie sich auch dann nicht unbedingt als Individuen zur Kenntnis nehmen, wenn sie nebeneinander leben und arbeiten – null Bindung, null Berührung. Viele erfahren jedoch die emotionale Leere, die das perfekte Funktionieren einer Gesellschaft von Funktionsträgern in ihnen hinterlässt, als unerträgliche Belastung ihres Seins.

Das ist sicherlich ein Grund dafür, dass die Freundschaft wiederentdeckt wird, *online* wie *offline*. Aufgrund drohender sozialer Vereinsamung rückt sie wieder stärker in den Blick. Welche Freude, wenn unter den vielen Gesichtern, denen wir täglich begegnen, eines aus der Anonymität hervortritt: Ein Bekannter, ein Freund. Die Freiheit, die moderne Menschen so sehr lieben, ist nicht mehr nur die jederzeit mögliche negative Form der Befreiung voneinander. Zu entdecken ist auch mehr und mehr die positive Form, aus freien Stücken aufeinander zuzugehen und beieinander zu bleiben, um das Leben gemeinsam zu bewältigen. Freundschaft ist die frei gewählte Beziehung schlechthin, in ihr lässt sich erlernen und einüben, wie Beziehungen zwischen Menschen gestaltet und *schön* gestaltet werden können. Erfahrbar wird auch, wie schwierig das sein kann und wie sich dennoch Formen des Lebens finden lassen, in denen sich jeder unangemessene Egoismus von selbst relativiert.

Welche Freude, wenn unter den vielen Gesichtern, denen wir täglich begegnen, eines aus der Anonymität hervortritt: Ein Bekannter, ein Freund.

Eine freie Beziehung ist in moderner Zeit auch die Liebe, aber die Liebenden müssen oft erhebliche Einbußen an Freiheit in Kauf nehmen, gebunden an den Affekt ihres Begehrens, gebunden an die Gewohnheiten des intimen Zusammenlebens im Alltag, gebunden an die Ausschließlichkeit ihrer Beziehung, die Nebenformen nicht ohne weiteres zulässt. Die freie Bindung der Freundschaft hingegen erlaubt Kreuz- und Querverbindungen aller Art und kann auch in weitläufigen Freundeskreisen gelebt werden. Modernen Freiheitsansprüchen kann sie besser Rechnung tragen, während die Liebe unter ihnen leidet. In dem Maße, in dem die Liebe schwieriger wird, wird die Freundschaft interessanter. Kann es jemals gelingen, beide Arten von Beziehung zu amalgamieren?

Freundschaft zu pflegen, wird jedenfalls zu einem Element der Lebenskunst, wenn Menschen bewusst wird, wie unverzichtbar diese Beziehung für ein schönes, bejahenswertes Leben ist. Ein erfülltes Leben bedarf enger Beziehungen zu Anderen, ihrer Nähe, Zuwendung und Berührung, denn ein unvergleichlicher Reichtum von Selbst und Welt ist auf diese Weise zu erfahren. Gemeinsam können die Freunde in ihrer Vertrautheit wohnen, so sehr, dass sich sagen lässt: Das Selbst bleibt arm und verzweifelt einsam, wenn es ohne Freunde bleibt. Sogar ein guter Teil des Lebenssinns ist in der Freundschaft erfahrbar: Gemeinsam können die Freunde dem Leben Sinn geben, und doch hängt nie aller Sinn vom Gelingen einer einzigen Beziehung ab. Daher widmet eine wachsende Zahl von Menschen der Anstrengung, Freunde zu gewinnen und Freundschaft zu pflegen, neue Aufmerksamkeit in ihrem Leben.

Zweifellos ist die Freundschaft ein Rückzug in die private Nische: Dass sie dies möglich macht, ist ja gerade das Schöne an ihr. Zugleich wirkt sie sich unwillkürlich über das Private hinaus auf die Gestaltung der gesamten Gesellschaft aus. Ob und wie Gesellschaft zustande kommt, hängt davon ab, ob und wie Individuen gesellig sind. Darauf aufmerksam zu sein, heißt nicht etwa, darauf hinzuarbeiten, dass die gesamte Gesellschaft nur noch aus Beziehungen der Freundschaft besteht:

Das wird nie der Fall sein. In Frage steht jedoch, vor allem angesichts der Dominanz funktionaler Beziehungen, ob die moderne Gesellschaft etwas freundlicher werden kann, indem einzelne Menschen in ihrem Leben selbst mehr Gewicht auf Freundschaft legen.

Ist Freund aber immer gleich Freund? Dass es verschiedene Arten von Freundschaft gibt, wissen alle aus Erfahrung. Schon im 4. Jahrhundert v. Chr. traf Aristoteles (*Nikomachische Ethik*) Unterscheidungen hierzu, die noch immer hilfreich sind und in diesem Buch wiederaufgenommen werden sollen: Eine Freundschaft ist vorzugsweise am gemeinsamen *Spaß* orientiert. Eine andere hat den *Nutzen* im Blick. Aber eigentlich träumen alle von der *wahren* Freundschaft, die fern von jedem Kalkül ist, um die eigene Seele berühren zu lassen von Anderen und umgekehrt wiederum ihre Seele zu berühren. Was im 21. Jahrhundert neu hinzukommt, ist die *virtuelle* Freundschaft, die mithilfe elektronischer Medien gepflegt wird und ihre eigenen Besonderheiten mit sich bringt, von denen hier ebenfalls die Rede sein soll.

Das Glück der Freundschaft liegt auf der Hand: Die Freunde, die Freundinnen können sich daran erfreuen, dass sie sich nahe sein und zahllose schöne Erfahrungen miteinander teilen können. Auf allen Ebenen geben sie ihrem Leben Sinn, sinnlich, seelisch, geistig, können alles miteinander besprechen und sich auch freimütig aus subjektiver Sicht die Wahrheit sagen. Gleichwohl soll hier nicht nur das Loblied der Freundschaft gesungen werden, auch Probleme sollen benannt und Vorschläge zu möglichen Lösungen gemacht werden: Die Freunde können irritiert sein von einem Mangel an Aufmerksamkeit füreinander, von der Kritik, die sie aneinander üben, von wachsenden Unterschieden und Ungleichheiten zwischen ihnen, von einer Überspannung der Freundschaft und von Belastungen, die sie einander zumuten, auch von unangemessenen Versuchen zur Einflussnahme aufeinander.

Zuletzt aber ist noch über eine weitere Form von Freundschaft zu sprechen, die die Grundlage für vieles im Leben ist: Die Freundschaft *mit sich selbst*. Aristoteles verwies bereits darauf, dass keine Freundschaft, ja, überhaupt keine Beziehung zu Anderen möglich ist, wenn ein Mensch mit sich selbst nicht im Reinen ist, schon weil er dann nicht die Kraft dafür findet, sich Anderen zuzuwenden. Mit sich selbst zurechtzukommen, ist keine Aufgabe, die irgendwann endgültig abgeschlossen ist. Aber die immer neue Selbstklärung und Selbstdefinition führt dazu, für Andere da sein zu können, ohne sich selbst dabei aufgeben zu müssen. Mit der Zuwendung zu sich wird ein Mensch zur Zuwendung zu Anderen erst fähig. Die Anstrengung der Befassung mit sich erscheint nicht zu groß angesichts der Erfüllung, die insbesondere in dieser erstaunlichen Art von Beziehung namens Freundschaft erfahrbar ist.

1. Beste Freundin, bester Freund: Was ist Freundschaft?

Was Freundschaft ist, wird zunächst von herkömmlichen und gegenwärtig gängigen Vorstellungen im sozialen Umfeld bestimmt. Durchweg spielen das Vertrauen zueinander, das Verständnis füreinander, Mitgefühl, Wahrhaftigkeit und Verlässlichkeit eine große Rolle. Unterschiedlich fallen jedoch die Akzentsetzungen aus: Soll es eine Freundschaft fürs Leben sein, sollen die Freunde das zumindest anstreben? Oder sind sie stillschweigend damit einverstanden, dass es sich wohl nur um eine zeitweilige Beziehung handeln kann? Soll die Eigenständigkeit der Beziehung abseits der Familie betont werden? Oder ist es selbstverständlich, dass die Freunde zur Familie gehören? War die Art und Weise der Freundschaft in vormoderner Zeit weitgehend *kulturell definiert*, nehmen sich die Freunde in moderner und andersmoderner Zeit die Freiheit, *individuell zu definieren*, was Freundschaft für sie ist, welche Bedeutung sie ihr zumessen, auf welche Weise sie die Beziehung pflegen wollen, was ihnen wichtig ist, was sie aneinander schätzen, was sie voneinander erhoffen, was sie sich wechselseitig zugestehen, wo ihre Empfindlichkeiten liegen.

Auffällig an der Freundschaft ist, dass sie, kulturell oder individuell definiert, überwiegend gleichgeschlechtlich zustande kommt: Männerfreundschaft, Frauenfreundschaft. Warum ist das so? Die andersgeschlechtliche Freundschaft ist möglich und wird dennoch nicht im selben Maße wirklich, aus verschiedenen Gründen: Mit der Nähe der Geschlechter kommen nicht selten *sexuelle Aspekte* ins Spiel, die die Freundschaft unterminieren können: »Dann geht es doch wieder nur um das Eine!« Konsequenterweise trägt für die, die in gleichgeschlechtlichen Liebesbeziehungen leben, wiederum die andersgeschlechtliche Freundschaft deutlich entspanntere Züge, da sexuelle Aspekte in ihr eine geringere Rolle spielen.

> Auffällig an der Freundschaft ist, dass sie überwiegend gleichgeschlechtlich zustande kommt: Männerfreundschaft, Frauenfreundschaft.

Ein weiterer Grund für die Bevorzugung gleichgeschlechtlicher Freundschaften ist die Art des Fühlens, Denkens und Lebens, die zu einem nicht genau bestimmbaren Teil geschlechtlich bestimmt ist, auch wenn das gerne geleugnet wird: Es ist einfach zu mühsam, einem Vertreter des anderen Geschlechts immer wieder die Unterschiede erklären zu müssen, die der Andere trotz allem nicht so recht nachvollziehen kann (Verena Kast, *Die beste Freundin*, 1995). Umgekehrt fühlt es sich gut an, als Frau von der Freundin, als Mann vom Freund ernst genommen zu werden und eine Bestärkung der eigenen

Seinsweise zu erfahren. Bei vielen Problemen wirkt es entlastend zu wissen, dass es sich nicht um persönliche, sondern um geschlechtstypische Probleme handelt, etwa bei den physischen und psychischen Veränderungen, die die Pubertät, später das Älterwerden mit sich bringen. Es entfällt der latente Druck, den Ansprüchen des anderen Geschlechts genügen zu sollen, für das eigene Denken, Fühlen und Handeln um Verständnis bitten zu müssen, sich keine Fehler erlauben zu dürfen, die jedenfalls in den Augen des Anderen welche sind. Selbst wenn all das nur »soziale Konstruktionen« sein sollten, wäre es sinnvoll, auf die unterschiedlichen Gegebenheiten einzugehen.

Und wie kommt Freundschaft zustande? Eine Grundvoraussetzung für das Entstehen von Freundschaft ist selbstredend die Bereitschaft zu ihr, die *Haltung*, mit der ein Mensch sich für sie öffnet. Ob jemand *philophil* oder *philophob* ist, hängt teils von der natürlichen Veranlagung ab, teils von der kulturellen Prägung durch die Umgebung, teils aber von der individuellen *Wahl*, die er oder sie trifft. Familiäre Beziehungen, in die

Menschen hineingeboren werden, sind eine Angelegenheit der Notwendigkeit, die nicht beliebig veränderbar ist. Das Besondere der Freundschaft ist im Unterschied dazu, eine Angelegenheit der freien Wahl sein zu können. Die Wahl kann eine *aktive* sein, um willentlich auf einen Anderen zuzugehen; sie kann jedoch ebenso gut eine *passive* sein, um das Näherkommen, aus dem Freundschaft entstehen kann, ohne Zutun einfach geschehen zu lassen.

Unbewusste Emotionen und bewusste Überlegungen sind gleichermaßen daran beteiligt, ausschlaggebend aber ist das *Wohlgefallen* aneinander: Die angehenden Freunde reagieren auf die Ausstrahlung des jeweils Anderen, sie erscheinen sich wechselseitig interessant, sympathisch, vertrauenswürdig, liebenswert, bewundernswert, sodass der Wunsch aufkommt, sich näher kennenzulernen. Das Entstehen des Wohlgefallens kann eine Sache von Sekundenbruchteilen oder aber der Abschluss eines langen Prozesses sein, an dessen Anfang möglicherweise Gleichgültigkeit oder gar Abneigung vorherrschten. Analog zur Liebe im engeren Sinne kommt die Beziehung zustande, weil die Freunde *Ähnlichkeiten* aneinander bemerken, gleiche Interessen und Erfahrungen miteinander teilen (»Gleich und gleich gesellt sich gern«) oder aber ganz im Gegenteil ungleiche Interessen und große *Unterschiede* attraktiv finden (»Gegensätze ziehen sich an«).

Anders als die Liebe, die einseitig bleiben kann, ist diese Beziehung jedoch durch *Wechselseitigkeit* charakterisiert, sonst kann sie keine Freundschaft sein. Grundlegend für die wechselseitige Beziehung ist außerdem ein großes *Wohlwollen* füreinander. Und unabdingbar ist die *Offensichtlichkeit* dieses Wohlwollens, denn es hat keinen Sinn, dem Anderen nur heimlich wohlzuwollen, ohne dass er etwas davon wüsste. Nur dann, wenn das Wohlwollen deutlich erkennbar wird, kann er seinerseits darauf antworten, sofern er sich davon angesprochen fühlt. Auf dieser Basis kann Freundschaft sich entwickeln, davon sprach Aristoteles in der *Nikomachischen Ethik*, um sodann drei Arten der Freundschaft voneinander zu unterscheiden:

Eine *Lustfreundschaft* wird um des wechselseitigen Lustgewinns willen geschlossen. Überhaupt ist dies ein wesentlicher Grund dafür, Freunde zu suchen und zu finden: Freuden mit ihnen zu teilen, angenehme Erfahrungen zu machen, entspannte Gespräche zu führen, Nettigkeiten auszutauschen, für Abwechslung im Alltag zu sorgen, gemeinsam das Leben zu genießen und miteinander Spaß zu haben, ein Ausdruck ausgeprägter Lebenslust. Nichts daran ist verwerflich, schon gar nicht in jungen Jahren; bereits zur Zeit des Aristoteles strebte die Jugend »nach dem für sie Lustvollen und dem, was sie unmittelbar reizt«. In der Lustfreundschaft ist der Umgang miteinander unkompliziert, erfrischend, unterhaltsam, und zu diesem Zweck bleibt die Beziehung besser an der Oberfläche, wie dies meist ja auch ganz von selbst geschieht. Nichts wird vertieft, was das Wohlgefühl trüben könnte, daher der Verzicht darauf, das eigene Innere nach außen zu kehren: *We don't go there*, wie dies in der amerikanischen Kultur heißt. Freundschaft ist Liebe ohne Sex, hier aber auch mal mit Sex, denn von Freundschaft ist selbst dann die Rede, wenn es sich eigentlich um eine Liebesbeziehung handelt, bei der die Beteiligten sich »Freund« und »Freundin« nennen.

Diese Orientierung am Wohlgefühl hat nicht unbedingt einen Nutzen für Menschen. Um der guten Gefühle willen gehen sie sogar Beziehungen ein, die nicht wirklich gut für sie sind. Für Situationen des Wohlgefühls mit Anderen und für unterstützende Stoffe geben sie womöglich viel Geld aus, das sie nicht wirklich haben. Zielt die Beziehung jedoch ausschließlich auf Lustgewinn, kann sie gerade aus diesem Grund zum Problem werden, denn die Lust ist ein launisches Gut, das heute da ist und morgen nicht. Das Zusammensein fühlt sich gut an, unvorstellbar, dass es jemals anders sein könnte, aber eine Lust währt nie ewig, immer wieder braucht sie Erholung, das liegt in ihrer Natur. Überschwänglichen Gebrauch von ihr zu machen, läuft zwangsläufig darauf hinaus, ausufernde Auszeiten in Kauf nehmen zu müssen. Diese Phasen der Unlust und Lustlosigkeit werden zur Belastung, wenn sie in der Idee von Freundschaft nicht vorgesehen sind. Auf das Lustprinzip allein zu setzen, macht die Beziehung anfällig für

Enttäuschungen, und so ist dies die flüchtigste Art von Freundschaft: Sie ist am Ende, wenn die Lust sich auflöst, »und tschüss«. Im günstigsten Fall bleibt eine angenehme Erinnerung zurück: »Wir hatten eine schöne Zeit miteinander!«

Eine zweite Art der Freundschaft beruht auf dem Nutzen, den Menschen sich voneinander versprechen. Sollte für diese *Nutzenfreundschaft* gar nicht erst von Freundschaft die Rede sein? Aber in vielen Sprachen nennen Menschen sich Freunde, wenn sie im Auge behalten und manchmal recht genau darauf bedacht sind, was ihnen diese Beziehung bringt. Hier und im Bereich der Lust ist die große Zahl der *guten Freunde* angesiedelt, die nicht nur gleich-, sondern auch andersgeschlechtlich miteinander befreundet sein können. In sogenannten *Helferfreundschaften* besteht der Nutzen füreinander darin, sich praktische Lebenshilfe zu leisten. Unverstellt kommt der Nutzen bei *Geschäftsfreunden* zum Ausdruck, die sich auch abseits der Geschäfte gut verstehen, unkompliziert miteinander kommunizieren und gerade aus diesem Grund gute Geschäfte miteinander machen können. In moderner Zeit sind *Parteifreunde* von Nutzen, die für eine politische Karriere unverzichtbar sind, aber zu den schlimmsten Feinden werden, wenn sie ihr im Weg stehen: »Freund – Feind – Parteifreund«.

Nützlich ist überdies nicht nur der materielle Nutzen, sondern seit jeher auch die *soziale Geltung*, die aus dem Befreundetsein mit angesehenen Anderen bezogen werden kann, ohne dass dies mit wirklicher Zuneigung verbunden sein müsste. Nutzenfreunde versuchen in der Regel ein weitergehendes, *echtes Interesse* aneinander zu bekunden, schon aus Gründen des größtmöglichen Nutzens, denn wenn der jeweils Andere sich einfach nur benutzt fühlen würde, könnte es zu keiner nützlichen Beziehung kommen. Die Fixierung auf den Nutzen ist nicht immer sonderlich lustvoll, sondern bereitet im Gegenteil oft erhebliche »Bauchschmerzen«. Wünschenswert wäre, wenigstens für sich selbst zu wissen, um welche Art von Freundschaft es sich im Einzelfall handelt und was von ihr erwartet wird. Ansonsten hält die Nutzenfreundschaft reichen Nährboden für Missverständnisse bereit, denn Leistung und Gegenleistung werden als solche meist gar nicht ausgewiesen und stehen allzu häufig im Missverhältnis zueinander. Mit einer gewissen Zwangsläufigkeit fühlt jeder sich früher oder später vom Anderen übervorteilt, falsch behandelt und *ausgenutzt*. Ähnlich wie die Lustfreundschaft ist daher auch die des Nutzens von vorzeitiger Auflösung bedroht, sobald die Beziehung den insgeheim erhofften Nutzen nicht mehr erbringt: Typischerweise ist dann die Rede davon, wie längst auch in auslaufenden Liebesbeziehungen, dass es »nichts mehr bringt«.

Wahre Freundschaft trägt ihren Zweck in sich selbst: Den Anderen einfach nur zu mögen und gerne mit ihm zusammen zu sein.

Die dritte Art der Freundschaft erst, die Aristoteles schon im Blick hat und die wohl alle Menschen zu allen Zeiten für besonders erstrebenswert halten, ist die *wahre Freundschaft*. In ihr allein wird der Freund, die Freundin *nicht nur* als Mittel zu egoistischen Zwecken der Lust und des Nutzens, sondern zumindest *auch* als Selbstzweck angesehen. Lust und Nutzen sind keineswegs ausgeschlossen, aber wahre Freundschaft ist keine bloße Zweckbeziehung, sie trägt ihren Zweck vielmehr in sich selbst: Den Anderen einfach nur zu mögen und gerne mit ihm zusammen zu sein. Das engstirnige Eigeninteresse tritt zugunsten dieser Beziehung zurück, die vom Wunsch getragen wird, mit dem Anderen durchs Leben zu gehen und mit ihm »zusammenzuleben«, selten im räumlich-körperlichen, meist im seelisch-geistigen Sinne.

Charakteristisch für diese Beziehung ist das vollkommen freie Wohlgefallen aneinander, die dauerhafte, wechselseitige Zuwendung und Zuneigung um des jeweils Anderen willen: *Weil er er ist, weil ich ich bin*, nach dem berühmten Wort, mit dem Michel de Montaigne (*Essais*, I, 28, »Von der Freundschaft«) im 16. Jahrhundert seine eigene Freundschaft mit Étienne de La Boëtie beschrieb, mit dem ihn in den letzten Jahren bis zu dessen frühem Tod eine nie zuvor und danach gekannte innige Vertrautheit verband. Im Unterschied zu anderen Beziehungen kann üble Nachrede einer solchen Freundschaft nichts anhaben, sie ist »unzugänglich für Verleumdung«, wie Aristoteles meinte, denn die Freunde kennen sich so gut und sind in so engem Kontakt zueinander, dass Andere sich nicht zwischen sie stellen können. Der wahre Freund, die wahre Freundin hat einen festen Platz im *Kern des Selbst*, in seinem »Herzen«. Diese Beziehung trägt wesentlich zu seiner Selbstdefinition bei und ist nicht peripher. Der Andere hat eine Stimme im Selbst, auch wenn er nicht spricht und nicht da ist. Er ist ein Ruhepol, dann wieder ein Unruheherd, in jedem Fall ein starker Bezugspunkt. Im Unterschied zu guten Freunden wird er oder sie *bester Freund, beste Freundin* genannt.

In der wahren Freundschaft ist jeder bereit, dem jeweils Anderen Privilegien zuzugestehen wie niemandem sonst, den Umgang mit ihm ohne jedes Kalkül zu pflegen, sich gerne in ihn hineinzuversetzen und mit ihm zu fühlen, und dies aus keinem anderen Grund als dem, den die Freundschaft selbst darstellt. Selbst die Wechselseitigkeit wird in der wahren Freundschaft nicht zur Forderung erhoben, eine Aufrechnung von Wohltaten kann lange warten, denn im Laufe der Zeit gleicht sich ohnehin alles von selbst aus. Anders als bei der Nutzen- und Lustfreundschaft können die Freunde sich wechselseitig für einige Zeit sogar eine Zumutung sein, ohne dass dies die ganze Beziehung in Frage stellen würde. Die Pflege dieser Art von Freundschaft braucht gleichwohl Zeit, die unter modernen Bedingungen niemandem mehr in beliebigem Maße zur Verfügung steht: Aus diesem pragmatischen Grund kann es zwar viele gute Freunde geben, bestenfalls jedoch mehrere beste Freunde, beste Freundinnen.

Eine Neuerung im 21. Jahrhundert ist darüber hinaus eine Art von Freundschaft, von der Aristoteles noch nichts ahnen konnte. Die *virtuelle Freundschaft* entfaltet sich in reichem Maße im Internet, in diesem technisch erzeugten Raum, der viele fasziniert, da es ein Raum unendlicher Möglichkeiten ist, der geradezu eine transzendente Erfahrung vermittelt: Kein bloßes *Dasein* mehr fristen zu müssen, sondern näher am *Sein* leben zu können, das wesentlich ein Möglichsein ist. Mithilfe globaler elektronischer Medien wird die virtuelle Freundschaft in sozialen Netzwerken wie beispielsweise Facebook gepflegt, das 2004 gegründet wurde. Freundschaft heißt hier zunächst, *Kontakt* zueinander aufzunehmen. Was zählt, ist die Vielzahl der Kontakte, nicht etwa mit einem oder wenigen Anderen, sondern mit möglichst vielen, mit denen es im Einzelfall bei einem oder wenigen Kontakten bleibt. Die bloße Zahl der Kontakte soll Außenstehenden demonstrieren, welche Bedeutung das Ich für Andere hat, die ihm öffentlich und für alle sichtbar den Titel »Freund« zusprechen. Die Beteiligten müssen sich nicht wirklich kennen, beliebige Identitäten können vorgeschoben werden, insofern handelt es sich nicht unbedingt um eine Beziehung von Person zu Person.

Es besteht aber die Möglichkeit, mit Menschen in Kontakt zu kommen, denen man im realen Leben nie begegnen oder die man nicht beachten würde: Menschen aus allen sozialen Schichten, aus den unterschiedlichsten Kulturen und Ländern, aus verschiedensten Berufen und Tätigkeiten können miteinander kommunizieren, unabhängig vom Status, ohne Ansehen der Person und ohne auf das Äußere zu achten, das bei der realen Begegnung eine große Rolle spielt. Menschen mit Behinderung können teilhaben, ohne auf die Berührungsängste zu stoßen, die ihnen sonst so oft zu schaffen machen. Und aus jeder virtuellen Begegnung kann eine reale werden, mit der Chance, auch im analogen Raum eine Freundschaft zu begründen, wenngleich mit der Gefahr unguter Folgeerscheinungen, wenn eine vorgetäuschte Wirklichkeit zur Enttäuschung führt.

Es kann sich bei virtuellen Kontakten erneut um *Nutzen- und Lustfreundschaften* handeln. Der Nutzen besteht darin, den privaten, auch den schulischen, universitären und geschäftlichen Austausch mit Anderen unproblematisch pflegen zu können. Die Lust besteht darin, in Echtzeit am Leben Anderer beteiligt zu sein, ohne dass sie anwesend sein müssen, in der jederzeit möglichen Kommunikation Gemeinschaft zu erfahren und sich der eigenen Existenz zu versichern. »Ich möchte mich verbinden. Ich möchte nicht aufhören zu existieren«, sagt ein amerikanisches Mädchen am Ende des Films, der aus *YouTube*-Videos vom 24. Juli 2010 aus aller Welt zusammengestellt wurde (*Life in a Day*, Regie Kevin MacDonald, 2011). Niemand muss länger einsam und verlassen vor sich hinleben, jede und jeder kann sich ständig von Anderen umgeben fühlen, auch wenn diese nur marginale Lebenszeichen von begrenzter Wichtigkeit von sich geben: »Maria ist jetzt online.« »Karl gefällt dieses Foto.« »Isabelle hat ihr Profilbild geändert.« »Max hat die Führerscheinprüfung bestanden.«

Mithilfe sozialer Netzwerke können zudem auch *wahre Freundschaften* gepflegt werden, meist auf der Basis bereits bestehender realer Beziehungen. Für diese und jede andere Art von Freundschaft kann der virtuelle Raum zu einem Element der Lebenswirklichkeit der Freunde, der Freundinnen werden, zur Plattform für den Austausch von Informationen, fürs alltägliche Plaudern und für gemeinsame Spiele. Jede räumliche Entfernung verschwindet, umständliche zeitliche Verabredungen werden unnötig: Gehe ich *online*, sehe ich mit einem Blick, wer da ist, und werde daran erinnert, bei wem ich mich schon lange nicht mehr gemeldet habe. Digital oder analog: In jedem Fall können die Freunde sich gemeinsam auf den Weg zu einem schönen und erfüllten Leben machen. Das Glück der Freundschaft können sie in mehrfacher Hinsicht erfahren.

2.
Das Glück, das in der Freundschaft zu finden ist

Zum Glück gehört ein Leben in Beziehung, ein Leben »in der Verflochtenheit«, wie es bei Aristoteles heißt, mit Ehegatten, Eltern, Kindern, Freunden und Mitbürgern, »denn der Mensch ist von Natur aus ein soziales Wesen«. Andere antike Philosophen teilen diese Auffassung: »Niemand kann ein glückliches Leben führen, der nur auf sich sieht«, schreibt Seneca im 1. Jahrhundert n. Chr. im 48. seiner *Briefe an Lucilius über Ethik*. Von besonderer Bedeutung sei daher die »Pflege jener innigeren Verbundenheit der Freundschaft«, die dafür bürge, dass ein Mensch weder bei Glücks- noch bei Unglücksfällen allein bleibe. Bei genauerem Hinsehen geht es dabei jedoch um verschiedene Arten von Glück, die die Freunde in ihrer Beziehung finden, verbunden mit unterschiedlichen Ebenen des Sinns.

1. Ein Glück ist schon das bloße *Dasein des Freundes, der Freundin*, die Tatsache, dass es sie oder ihn gibt. Das Glück setzt mit der Begegnung ein, die dem Zufallsglück zu verdanken ist, im privaten wie im beruflichen Umfeld, analog oder digital, in der Peer Group oder in Clubs und Vereinen, beim Sport, in Chats oder Spielgemeinschaften und in der Selbsthilfegruppe derer, die in der gleichen Lebenssituation stecken und vom gleichen Schicksal betroffen sind. Anders als Liebende akzeptieren Freunde problemlos, dass es wohl reiner Zufall war, sich gefunden zu haben, sie selbst geben ihrer Begegnung *Sinn*. Und auch diesem Anfang wohnt ein Zauber inne: Ein Glückserlebnis ist die Aufmerksamkeit, die vom ersten Moment an zu erfahren ist, dieses hohe

Gut, diese seltene Ressource, nach der alle sich sehnen und die nur in wenigen Beziehungen zu haben ist.

Wie beglückend, dass da jemand ist, der mich im Blick hat, jemand, dem es nicht egal ist, ob ich existiere, der mich vielmehr fragt, wie es mir geht, wo ich bin und was ich mache! Eine große Lebensgewissheit resultiert daraus, dass ein Anderer seelisch-geistig bei mir ist, auch wenn er körperlich abwesend ist, dass ich jederzeit zu ihm gehen kann und mich bei ihm willkommen fühlen darf, er sich wiederum bei mir. In den ersten Erfahrungen finden sich die künftig möglichen schon angedeutet, die über Jahre hinweg zu machen sein werden, aber die Pflege der Freundschaft ist dazu da, das weitere Zusammensein nicht mehr dem Zufall zu überlassen. Das Glück wird zum Ergebnis einer beharrlichen Anstrengung, die erforderlich ist, um die Beziehung mit Leben zu erfüllen.

2. Glück sind die *schönen Erfahrungen miteinander*, die vielen großartigen Stunden, die Freunde und Freundinnen miteinander verbringen und die ihr Wohlfühlglück ausmachen, oft

einhergehend mit dem *körperlichen Sinn* sinnlicher Erfahrungen: Miteinander Musik zu hören, etwas zu trinken, auch Trinkgelage zu feiern, gemeinsam zu essen, Ausflüge und Reisen zu unternehmen, tanzen zu gehen, einander schön zu finden und zu berühren, nächtelang zu reden und sich »herumzutreiben«, danach sich zu entspannen und zu *chillen*. In glücklichen Zeiten verdichten sich die schönen Möglichkeiten des Lebens zur punktförmigen Wirklichkeit eines Augenblicks, zu einem Moment voller Energie, einem *Ewigkeitsmoment*, der nie vergehen soll. Die Freunde lieben diese Zeiten und haben dennoch kein sonderlich großes Problem damit, dass sie nicht ewig währen, denn in der Regel kehren sie zuverlässig wieder.

Woher aber kommt dieses Glück, wenn es kommt? Wohin geht es, wenn es geht? Denkbar ist, dass die Energie, die in solchen Zeiten erfahrbar wird, einem Kontinuum entstammt, in dem sie immer vorrätig ist, und dass sie zwischendurch in andere Formen übergeht, bevor sie in irgendeiner Form wiederkehrt. Fraglos fügen die

Freunde sich in den Prozess, der ohnehin nicht aufzuhalten ist. In der Erinnerung können die schönen Erfahrungen lange in ihnen nachklingen, viele davon ein ganzes Leben lang. Im Rückblick ist es reizvoll, sich daran zu erinnern, »was wir schon alles miteinander erlebt haben«, auch problematische Episoden will dann keiner mehr missen: »Weißt du noch, damals?« Der Zusammenhalt wird auf diese Weise gefestigt, die Kontinuität durch alle Erfahrungen hindurch stärkt die Beziehung und gewährt allein schon durch den zeitlichen Zusammenhang Sinn.

3. Glück ist das *intensive Gefühl füreinander*, die innere Nähe und die wechselseitig gefühlte Berührung, die für *seelischen Sinn* sorgt. Ist der Glaube an eine Seele nicht hoffnungslos antiquiert in einer Zeit, in der das materielle Funktionieren aller Dinge vollkommen durchschaubar geworden ist? Aber Materie kann als erkaltete Energie verstanden werden, die Seele als Energie im angeregten Zustand, die Menschen aufleben lässt und in Bewegung setzt. Jede Bewegtheit in Gefühlen erscheint als Ausdrucksform der zugrunde lie-

genden Energie, und je vertrauter die Beziehung, desto freier können die Energien der Beteiligten ineinanderfließen und sich potenzieren.

Das geht in der Freundschaft weniger als in der Liebe mit Gefühlsausbrüchen einher, mehr mit dem ruhigen Wohlgefühl, einander zugetan zu sein, Sympathie und zuweilen Bewunderung füreinander zu empfinden. Es handelt sich oft nur um eine *Hintergrundemotion*, die unbewusst bleibt und dennoch wirksam ist: Es macht mich anhaltend glücklich, einen Menschen zu kennen, der etwas für mich fühlt und ich für ihn, bei dem ich Verständnis finde und er bei mir, bei dem ich Privilegien genieße und er wiederum bei mir. »Freunde sind Menschen, die dich mögen, obwohl sie dich kennen« (Eckart von Hirschhausen, *Glück kommt selten allein*, 2011). Auf der Grundlage der Zuwendung zueinander und der langen Erfahrung des Umgangs miteinander entwickelt sich ein *Gespür füreinander*, das jeden im Laufe der Zeit ziemlich genau wissen lässt, was der jeweils Andere mag und wogegen er Abneigung hegt, was ihm guttut und was eher nicht, was er gut kann und was ihn überfordert. Ist das Gespür wechselseitig, wird die Freundschaft mit der Zeit intensiver und ist weniger als die leidenschaftliche Liebe vom Verfall in der Zeit bedroht.

4. Glück ist das *ständige Gespräch miteinander*, bei dem *geistiger Sinn* durch unablässig neue gedankliche Verknüpfungen und die allmähliche Verfertigung der Gedanken beim Reden entsteht – in Anlehnung an Überlegungen, die Heinrich von Kleist für einen »sinnreichen Freund« anstellte. Berühmte Freundespaare haben davon ausgiebig Gebrauch gemacht (Rüdiger Safranski, *Goethe und Schiller*, 2009). Nur zum Teil handelt es sich dabei um das *reale Gespräch* im unmittelbaren Austausch, mittelbar durch Kommunikationsmedien wie Brief, Telefon, Internet. Das reale Gespräch ist unverzichtbar, denn es ermöglicht, sich wechselseitig auf dem Laufenden zu halten und die Erfahrungen und Veränderungen des jeweils Anderen mitzuvollziehen. Es

Es macht mich anhaltend glücklich, einen Menschen zu kennen, der etwas für mich fühlt und ich für ihn.

dient der Nachführung der Beziehung, die für die Freundschaft so wichtig ist wie für die Liebe im engeren Sinne, auch wenn es keine große Eile damit hat: Mehr als die Liebenden leben die Freunde, die sich weniger oft sehen, in unterschiedlichen Welten, die aber nicht so rasch auseinanderdriften; selten steht von einem Moment zum anderen alles auf dem Spiel.

Zum anderen Teil ist der Austausch zwischen ihnen ein *imaginäres Gespräch* in Gedanken, sei es bei einem schweigsamen Zusammensein oder in einer Art von Telepathie beim Getrenntsein: Auch wenn ich nicht mit meinem Freund zusammen bin, höre ich seine Stimme in mir. Zwar kann ich nicht wissen, ob er in diesem Moment wirklich in Gedanken bei mir ist und mit mir spricht oder ob ich nur allzu gut weiß, was er sagen würde, wäre er hier. Entscheidend ist aber nicht die Tatsache, sondern die *Vorstellung*, dass er meine Gedanken kommentiert, sie bestätigt, ihnen widerspricht, andere hinzufügt, mich aufmerksam macht auf das, was ich übersehen habe. Der vorgestellte Austausch hat den Vorteil, weniger ermüdend und daher dauerhafter zu sein als der reale: Ohne Einbußen an Intensität können die Freunde, die Freundinnen im Denken ständig füreinander präsent sein, ohne dass dies nach außen hin erkennbar wäre.

5. Glück sind die *gemeinsamen Deutungen*, die im realen und imaginären Gespräch unternommen werden. Das Deuten (griechisch *hermeneuein*) begründet eine gemeinsame *Hermeneutik der Existenz*, die sich auf alle Aspekte des Lebens bezieht, die kleinen und großen Lebensfragen, Geschehnisse, Begegnungen und Erfahrungen: Was ist geschehen? Was bedeutet das? Welche Erfahrungen sind wie einzuschätzen? Welche Zusammenhänge könnten darin verborgen sein? Welche Argumente sprechen für, welche gegen eine bestimmte Entscheidung? Was ist wirklich wichtig? Welchen Werten kommt welche Bedeutung im Leben zu und wie sind sie zu verwirklichen? Was ist schön, was bedeutet Glück? Was macht Sinn, was nicht? Das Hin- und Herwenden von Deutungen und ihre immer neue Prüfung auf Plausibilität, auf Nachvollziehbarkeit, ist eine nicht en-

dende Aufgabe der Lebensbewältigung, um aus Erfahrungen Schlüsse für das weitere Vorgehen zu ziehen.

Mit Antworten, die wenigstens zeitweilig tragfähig sind, gelingt es besser, *Sinn und Bedeutung* ausfindig zu machen und die eigene Lebensführung daran zu orientieren, um sich im Leben und in der Welt zurechtzufinden. Das ist ein wesentlicher Grund dafür, dass Aristoteles in der Freundschaft eine gute »Übung in Vortrefflichkeit« (*askesis tes aretes*) sah: Die Freunde verhelfen sich dazu, Dinge, Personen und Situationen so gut wie möglich einzuschätzen und bestmöglich mit ihnen umzugehen. Das bezieht sich auf sämtliche Lebensvollzüge und hat nicht unbedingt etwas mit der moralischen »Tugendhaftigkeit« zu tun, mit der die *Arete* traditionell übersetzt worden ist.

6. Glück ist die *Freimütigkeit der Freunde* im Umgang miteinander. In ihren realen und imaginären Gesprächen bemühen sie sich um ein »Alles-Sagen« (*parrhesia* im Griechischen) und realisieren damit auch eine *Parrhesiastik der Existenz*. Jemanden als besten Freund, beste Freundin

anzusehen, ist nicht immer daran gebunden, ihm oder ihr gefühlsmäßig am nächsten zu stehen, immer aber daran, offen und ehrlich miteinander umzugehen: Darin liegt für viele der *Sinn wahrer Freundschaft*. Mit Anderen mag der Umgang häufiger sein, mit dem wahren Freund aber ist er aufrichtiger, im Vertrauen darauf, dass die Beziehung nicht daran zerbricht, vielmehr ganz im Gegenteil davon bestärkt wird, denn wo sonst wäre so viel Ehrlichkeit auf dem weichen Boden von so viel Wohlwollen zu haben?

In der Liebe bringt die Verquickung mit Machtfragen die Gefahr mit sich, dass einer die Ehrlichkeit des Anderen irgendwann zur Durchsetzung eigener Interessen missbraucht, wissend, wo seine Schwächen liegen. Freunde aber können sich alles anvertrauen und müssen nichts voneinander befürchten; unverblümter als in einer Liebesbeziehung können sie einander die Wahrheit sagen, wie sie ihnen nach bestem Wissen und Gewissen erscheint. Es ist von unschätzbarem Wert, mit einem Menschen alles, auch Heikles und Intimes, besprechen zu können, und manchmal genügt ein vielsagendes Schweigen – »sein Schweigen allein zeigte mir, wie selbstgerecht ich die Sache darstellte« (Max Frisch, *Montauk*, 1975). Um der Wahrheit willen ist es möglich, sich auch mal nicht so gut zu verstehen und sich dennoch spüren zu lassen, dass dies die Freundschaft nicht bedroht. Insbesondere diejenigen, die im gesellschaftlichen und beruflichen Leben Führungsverantwortung zu tragen haben, sind auf solche Freunde angewiesen.

7. Glück ist der *Blick des Freundes von außen* auf mich. Freimütig bringt er zur Sprache, wie er mich sieht, und dieser Blick prägt sich mir ein, sodass ich mich selbst wie von außen sehen kann. Ohne diesen Blick könnte ich versucht sein, im Kreis der inneren Wahrnehmungen und Überlegungen zu verharren. In längeren Abständen überblickt der Freund die größeren Intervalle in meinem Leben und kann mir sagen, wohin seiner Meinung nach »die Reise geht«. Er weitet meinen Horizont, wenn er zu eng wird, und steuert Gedanken und Aspekte bei, die ich nicht im Blick hatte. Mit seiner wohlwollenden, aber

wachsamen Aufmerksamkeit hilft er mir, die Kernpunkte meines Selbst, somit meinen inneren Zusammenhang und den *Sinn für mich selbst* zu bewahren.

Daher ist die Freundschaft, die lange währt, so wertvoll. Auf mich allein gestellt, könnte ich die Werte und Ziele, auf die es mir ankommt, leicht wieder aus den Augen verlieren oder es versäumen, selbst gewählte Grundsätze in die Tat umzusetzen. Die Augen des Freundes auf mir ruhen zu fühlen, ist jedoch Motivation genug für eine weitere Anstrengung. Wechselseitig halten wir das so und behalten dabei die *existenzielle Ontologie* im Blick: Worin besteht deine und meine gegenwärtige Wirklichkeit, wo sind unsere unausgeschöpften Möglichkeiten? Der Freund starrt nicht auf meinen Status, er sieht vielmehr mein Potenzial und ich seines. Wir machen einander auf das

> Es ist von unschätzbarem Wert, mit einem Menschen alles, auch Heikles und Intimes, besprechen zu können, und manchmal genügt ein vielsagendes Schweigen.

Verfehlen einer Wirklichkeit und das Vergessen einer Möglichkeit aufmerksam, um rechtzeitig gegensteuern zu können. Die langwierige Arbeit der Verwirklichung einer Möglichkeit fällt mit seelisch-moralischer Unterstützung des Anderen leichter. Und er tröstet mich darüber hinweg, dass nicht alles, was möglich ist, wirklich werden kann, sodass ich weniger in Versuchung bin, mir selbst, Anderen, dem Leben und der Welt einen Vorwurf daraus zu machen.

8. Glück ist die *gesamte Fülle des Lebens*, die die Freunde, die Freundinnen erfahren. Sie besteht aus den schönen Zeiten, die sie genießen, und den weniger schönen, in denen sie sich beistehen. Nicht nur die atemberaubenden Momente machen die Fülle des Lebens aus, sondern auch die anderen Zeiten, die sie durchleben. Lebenskunst besteht nicht nur darin, schöne Momente zu sammeln, sondern auch darin, schwierige Zeiten zu bewältigen, die für eine starke Erfahrung von *Sinn* sorgen, weil sich jetzt erst der Zusammenhalt bewährt. Nur auf angenehme Weise erfüllt sein zu wollen, ist der Weg der Lustfreundschaft,

die wahre Freundschaft hingegen umfasst auch Unangenehmes und Schmerzliches.

Glück ist, zum Freund flüchten zu können, wenn etwas im Leben missglückt ist, und sollte er selbst mit einem Problem ankommen, halte man sich nicht mit »moralischen Gemeinsprüchen« auf, meint Adolph Freiherr Knigge in seinen Überlegungen zur Freundschaft (*Über den Umgang mit Menschen*, 1788, Zweiter Teil, Kapitel 6). Nicht Perfektheit solle man vom Freund erwarten und bei einer Verfehlung die Schuld lieber äußeren Umständen zuschreiben. Man solle festhalten an ihm in jeder Situation und zu ihm stehen, wenn jeder ihn verlässt, ihn zu verstehen suchen, wenn keiner sonst ihn versteht, »warm und eifrig« Partei für ihn ergreifen, sofern dies nicht völlig unredlich ist, und seinen Ruf retten, wenn er verleumdet wird. Auch eine Dummheit gemacht zu haben, ist unter Freunden kein Anlass für Vorwürfe, eher einer fürs Amüsement. Ängste können Freunde sich eingestehen und sich gerade dadurch von ihnen entlasten, dass sie nicht mehr verdrängt werden müssen. Eine enorme Bereicherung des Lebens ergibt sich daraus, dass das Leben des Anderen auf jede Weise mitgelebt und damit das eigene Leben vervielfältigt werden kann.

9. Glück ist, gemeinsam auch *unglücklich sein zu können.* Da das Glück, anders als moderne Menschen es sich ausmalen, nicht aus einer endlosen Abfolge von Glücksmomenten bestehen kann, lautet eine zentrale Lebensfrage: Was bleibt, wenn das Glück geht? Die Freunde können Gesprächspartner und seelische Stütze füreinander sein, wenn das Glück aussetzt und ein Unglücklichsein oder gar Unglück zu bewältigen ist. Das Leben lastet in einer solchen Zeit schwer auf dem Betroffenen, der sich bedrückt und niedergedrückt fühlt, deprimiert und depressiv ist. Aber wenn einer den Mut verliert, bewahrt ihn der Andere, ein *Rest von Sinn* in aller Sinnlosigkeit: *You've got a friend* (Carole King, James Taylor, Popsong, 1971). Er muss nicht versuchen, dem depressiven Selbst den Weltschmerz auszureden, es ist nur wichtig, in Gedanken und Gefühlen bei ihm zu sein.

Niedergeschlagen, traurig, ohne jede Hoffnung zu sein, ist ein momentaner oder phasenweise wiederkehrender, in manchen Fällen ein dauerhafter Zustand. Oft wird er mit der Krankheit der *Depression* verwechselt, bei der Gefühle und Gedanken einfrieren und die ohne ärztliche und therapeutische Hilfe nicht zu bewältigen ist. Im Zustand des *Depressivseins* aber sind Gefühle und Gedanken in heftiger Bewegung, und kaum etwas ist hilfreicher als der Freund, dem etwas davon erzählt werden kann. Ein althergebrachtes Wort für den Zustand ist *Melancholie*, eine mögliche Seinsweise der Seele angesichts der Ungewissheit, Abgründigkeit und Begrenztheit des Lebens, derer Menschen sich immer mal wieder mit mehr oder weniger großer Heftigkeit gewahr werden. Das tragische Bewusstsein, das damit einhergeht, ist dem Leben womöglich angemessener als jede Leugnung von Tragik. Das muss nicht zur Folge haben, sich dem Zustand zu sehr hinzugeben, schon um den Freund nicht übermäßig damit zu belasten. Und bei allem Beistand gilt: Alle Gemeinsamkeit kann Einsamkeit nicht auslöschen, der Einzelne selbst muss sein Leben leben, kein Anderer kann ihm dies abnehmen.

10. Glück ist nicht zuletzt ein *Leben über sich selbst hinaus*, zu dem Freunde sich wechselseitig verhelfen. Schon beim gewöhnlichen Zusammensein vergehen manchmal die Stunden, ohne noch wahrgenommen zu werden, die Zeit löst sich auf, eine ungewöhnliche Überschreitung des gewöhnlichen Lebens wird möglich. Und jeder kann ein Anderer werden im Umgang mit dem Anderen, denn bei ihm ist er nicht auf die Rollen verpflichtet, die er im Alltag spielen muss, kann vielmehr beengte Verhältnisse zurücklassen, eine Situation und das Leben, andere Menschen und die Welt wieder aus anderer Perspektive sehen und neuen Atem schöpfen. An den entlegensten Orten kann ein Mensch mit Freunden zuhause sein, fremde Kulturen werden ihm durch sie vertraut. Das Leben wird vielfältiger, spannender und schöner mit ihnen, denn gemeinsam verfügen Freunde über weit mehr Möglichkeiten als einer für sich allein und sie ermutigen sich zu ihrer Verwirklichung.

Die Beziehung zueinander ragt sogar über die Endlichkeit des Einzelnen hinaus, ein Element der Transzendenz: In jeder Liebe zu einem Anderen, auch in dieser, ist die Dimension der Unendlichkeit präsent. Zwar ist der Andere selbst der Endlichkeit unterworfen, aber nicht derselben wie ich. Und wie die Liebe der Liebenden kann auch die der Freunde über den Tod hinaus bestehen bleiben, schon weil der, der länger lebt, das Andenken des Anderen bewahrt. Wenn es zutrifft, dass die Seele Energie ist, die nicht im Nichts verschwindet, also unsterblich ist, können nicht nur die Liebenden, sondern auch die Freunde für immer beieinander sein: Ein *transzendenter Sinn*, der diesseitig bleibt und kein Jenseits voraussetzt. Trotz aller Transzendenz tauchen im banalen Alltag allerdings Probleme auf, die die Freundschaft in Frage stellen können.

3.
Die Probleme, mit denen die Freundschaft konfrontiert ist

Das Glück der Fülle, das in der Freundschaft erfahrbar wird, schließt Gegensätze nicht aus, vielmehr entsteht Fülle erst in der Bewegung zwischen Gegensätzen. Alles Leben ist bipolar, nichts daran ist eine Störung, allenfalls eine Überforderung für Menschen, die mit Gegensätzen nicht gut leben können. Es kommt darauf an, die Freundschaft, wie die Liebe, zwischen den Gegensätzen *atmen* zu lassen, zwischen guten Gefühlen und unguten Problemen, zwischen Verständnis und

Missverständnis oder gar Unverständnis, und von Grund auf zwischen Nähe und Distanz. Phasenweise sind die Freunde sich zu nah, dann wieder zu fern. Sollten sie mit wachsender Entfernung »den Draht« zueinander verlieren, können sie die Nähe durch *Potenzierung* zurückgewinnen: Neue Impulse für die Beziehung ergeben sich aus einer demonstrativen Zuwendung und Zuneigung zum Anderen, an den ich denke, für den ich Zeit habe, mit dem ich spreche.

Freundschaft erfordert nicht ständige Nähe, vor allem dann nicht, wenn sie lange währen soll: Gerade auf Distanz können die Freunde sich nahe sein.

Freundschaft erfordert jedoch nicht ständige Nähe, vor allem dann nicht, wenn sie lange währen soll: Gerade auf Distanz können die Freunde, die Freundinnen sich nahe sein. Sollten sie die Nähe irgendwann als beengend empfinden, treibt eine gewollte oder ungewollte *Polarisierung* sie wieder auseinander. In dieser Phase suchen sie nicht das Gemeinsame, sondern legen Wert auf das Trennende; an die Stelle von Begeisterung tritt die Ernüchterung über die Beziehung, die nicht so toll ist wie gedacht. Anlässe dazu bieten kleinere und größere Irritationen, die selbst unter den vertrautesten Freunden leicht entstehen. Sehen sie sich zu häufig, führt das womöglich dazu, über nervige Angewohnheiten des je Anderen nicht mehr so ohne Weiteres hinwegsehen zu können.

Entscheidend ist die *Bedeutung*, die Irritationen zugemessen wird: Eine *kleine*, wenn die Nähe vermisst wird, sodass die Freunde mit wachsendem Abstand zur Auffassung kommen, dass es Wichtigeres gibt als die Differenzen, nämlich trotz allem die Beziehung zu bewahren. Eine *große*, wenn die Nähe erdrückend wirkt und die Freunde Abstand brauchen. In der Distanz findet jeder den Freiraum für sich, den er zur Regeneration benötigt. Schon zum Zweck der Distanzgewinnung sollte es daher möglich sein, wie Nietzsche meinte, »nicht nur seine Feinde lieben, sondern auch seine Freunde hassen« zu können (*Also sprach Zarathustra* I, 1883, »Von der schenkenden Tugend«). Nicht für immer, nur für eine Weile. Gründe dafür gibt es genug, denn so vielfältig wie das Glück der Freundschaft können auch ihre Probleme sein.

1. Probleme werden von einem *Mangel an Aufmerksamkeit* verursacht, eine absichtslose Unachtsamkeit reicht dafür völlig aus. Es kann sich um das unbedachte Zurückhalten einer für unbedeutend gehaltenen Information handeln, die den Anderen auf Umwegen dennoch erreicht und den Verdacht aufkeimen lässt, das Verhältnis sei wohl doch nicht so vertrauensvoll wie gedacht: »Gestern habe ich deinen Freund im Kino getroffen!« »Ach, er war im Kino?« Erst recht gilt dies für bedeutsamere Informationen über Veränderungen im Leben des Anderen, auch über Schwierigkeiten, die ihm zu schaffen machen. Erfahre ich davon nichts, mit einiger Verzögerung aber doch etwas, womöglich später als Andere, beginne ich an der Freundschaft zu zweifeln: Wozu befreundet sein, wenn wir uns nicht mal auf dem Laufenden halten? Wie können wir uns beistehen, wenn wir uns unsere Schwierigkeiten verheimlichen?

Der Mangel an Aufmerksamkeit kann gut begründet sein, wenn einer Zeit für sich und seine Angelegenheiten braucht. Jeder dürfte dafür Verständnis haben, niemand verfügt über die Kräfte für eine grenzenlose Aufmerksamkeit nach allen Seiten hin. Wenn aber der Mangel an Aufmerksamkeit anhaltend einseitig bleibt, einer also dem Anderen auf Dauer mehr Energie, Zeit und Gehör schenkt, als er von ihm erhält, jedenfalls nach eigener Überzeugung? Dann steht die Frage im Raum, ob dem Anderen die Pflege der Beziehung nicht am Herzen liegt oder ob er sich einfach nur schwer damit tut, selbst die Initiative zu ergreifen. Wenn Letzteres zutrifft, dann übernehme ich es eben, ihn immer wieder zu kontaktieren, etwas vorzuschlagen und ein Treffen zu organisieren.

2. Probleme resultieren aus der *Kritik am Freund, an der Freundin*, die unweigerlich irgendwann angebracht erscheint. Sie kann ein Mittel zur Distanzierung sein, und es entlastet beide Seiten, dies als Grund in Betracht zu ziehen: Dann ist eben Distanz angesagt, bis auf Weiteres. Ist die Kritik aber wirklich als solche gemeint, kann sie das Verhältnis belasten. Sie dennoch zu üben, bedarf der

»Tapferkeit vor dem Freund«, von der Ingeborg Bachmann einmal sprach (*Die gestundete Zeit*, 1953, Gedicht »Alle Tage«). Der Mut zur Kritik auf der einen, die Offenheit dafür auf der anderen Seite sind Elemente einer Ethik der Freundschaft, um die jedenfalls die wahren Freunde sich bemühen.

Kritik zu üben fällt leichter, wenn der, dem sie gilt, kein großes Problem damit hat, sie anzunehmen, und dafür kann er selbst Sorge tragen, wenn er seine Empfindlichkeiten nicht zu groß werden lässt: *»Nicht von Glas sein im Umgang«*, rät der spanische Philosoph und Theologe Balthasar Gracián im 17. Jahrhundert, *»noch weniger in der Freundschaft«* (*Handorakel*, Aphorismus 173). Das wiederum ist umso mehr möglich, je weniger der Kritisierte Anlass sieht, am Wohlwollen des Freundes zu zweifeln. Zu dessen Sorge gehört es daher, gerade im Moment der Kritik keinen Zweifel am prinzipiellen Wohlwollen aufkommen zu lassen. Dann darf er Dinge sagen, die Andere nicht sagen dürfen, und diese Kritik wirkt stärker als die von irgendjemandem sonst.

Die Freiheit, die die Beziehung der Freundschaft auszeichnet, ermöglicht, auch *die Wahrheit zu sagen*, wie sie jedenfalls subjektiv erscheint. Keine Beschönigungen voneinander zu erwarten, ist die Voraussetzung dafür, sich um Verbesserungen im eigenen und gemeinsamen Leben bemühen zu können, sei es, um dem Freund eine Freude zu bereiten oder aber ihm »etwas zu beweisen«. Auch auf diese Weise spornen die Freunde sich zur Vortrefflichkeit an, in der Aristoteles den ethischen Wert der Freundschaft sah.

3. Probleme entstehen mit *wachsenden Unterschieden*. Das betrifft Unterschiede in den Eigenschaften, Haltungen, Lebensstilen, Sichtweisen, Meinungen und Urteilen. Selbst in der Freundschaft, in der Unterschiede sich gewöhnlich gut ergänzen, werden sie gelegentlich zu groß, die Toleranzen dafür zu klein. Das kommt beispielsweise bei Entscheidungen zum Vorschein, die einer trifft, während der Andere sie für unbegründet und grundfalsch hält. Einer will sich beruflich neu orientieren, während der Andere das für einen unbedachten »Schnellschuss« hält. Einer will

eine Familie gründen, während der Andere darin einen Verrat am gemeinsamen Ideal des Anderslebens sieht. Einer hat sich innerlich von Grund auf verändert und ist »nicht mehr der Alte«, kehrt vielleicht eine materielle Orientierung hervor, die seiner früheren ideellen glatt widerspricht, was der Andere unverzeihlich findet.

Da die Freunde gewöhnlich nicht zusammenleben, haben Streitpunkte nicht die bedrückende Wirkung wie in einer Liebesbeziehung. Über sie zu sprechen, ist nicht vordringlich und auch nicht in jedem Fall erforderlich. Eine Lösung kann darin bestehen, sich für eine Weile nicht mehr zu sehen und abzuwarten, ob die Unstimmigkeiten sich von selbst auflösen oder in milderem Licht erscheinen. Schwieriger zu überwinden sind die Unterschiede, die nicht nur individuell, sondern kulturell begründet sind und tief in Herkünften und Mentalitäten wurzeln: Sie können alle individuellen Anstrengungen zu ihrer Überwindung unterlaufen.

4. Probleme entstehen mit *wachsenden Ungleichheiten* der Bildung, des Besitzes, der sozialen

Zugehörigkeit, die anfänglich nicht existierten oder lange keine Rolle spielten. »Freundschaft ist Gleichheit«, verkündet ein alter griechischer Spruch (*philotes isotes*). Aber in der wirklich gelebten Freundschaft ist das am ehesten in jugendlicher Zeit möglich, später hängt viel davon ab, wie groß die Ungleichheiten werden. Eilt einer von Erfolg zu Erfolg, hat der Andere nicht unbedingt immer Freude am Freund, dem er nur noch applaudieren kann und der ihn, ohne es zu wollen, an fehlende eigene Erfolge erinnert. »Jedermann kann am Leid eines Freundes Anteil nehmen, aber es verlangt schon einen sehr edlen Charakter, es verlangt tatsächlich den Charakter eines wahren Individualisten, am Erfolg eines Freundes Anteil zu nehmen« (Oscar Wilde, »Die Seele des Menschen im Sozialismus«, Essay, 1891).

Der Eine kann gegensteuern, indem er sich jede Überheblichkeit versagt, der Andere, indem er sein Eigenes besser wertschätzt, denn *Neid* stellt sich vorzugsweise dort ein, wo Unzufriedenheit mit den eigenen Verhältnissen vorherrscht. Wo dennoch Neid bleibt, muss nicht unbedingt auch

Missgunst die Folge sein: Ich kann dem Freund von Herzen gönnen, worum ich ihn beneide. Eine andere mögliche Reaktion auf wachsende Ungleichheiten aber ist die *Schmeichelei*, um wenigstens auf diese Weise noch an den Freund heranzukommen und die Distanz zu ihm zu überbrücken. Der Schmeichler bestärkt den Anderen selbst dort, wo es keinen Grund dafür gibt. Er verspricht sich davon, an den umfangreicher werdenden Möglichkeiten des Anderen teilhaben zu können. Ratsamer wäre aber eher, die Freundschaft ruhen zu lassen und es dem Leben zu überlassen, was daraus noch werden soll. Meist genügt es, auf den weiteren Fortgang der Dinge zu setzen: Wahrscheinlich stellen sich irgendwann noch andere Zeiten ein, in denen der freundschaftliche Beistand wieder gefragt ist.

5. Probleme entstehen bei einer *Überspannung der Freundschaft*, und zwar nach zweierlei Seiten hin: Erweist einer dem Anderen so große *Wohltaten*, dass der ihm viel, ja, alles verdankt, kann dies zu einer Last für die Freundschaft werden, denn wie wäre es jemals wieder aufzuwiegen? Vermut-

lich aus diesem Grund brach Max Frisch die Beziehung zu seinem Jugendfreund Werner Coninx ab, der einer wohlhabenden Familie entstammte und ihm, dem Mittellosen, nicht nur abgetragene Anzüge, sondern auch eine umfassende Bildung bereitwillig weitergab, ihm schließlich sogar das Studium finanzierte. Stellten nicht die Werke Frischs eine schöne Gegengabe dar? Aber der kunstsinnige Freund schien sie nie sonderlich zu schätzen, sodass Frisch sich nach vielen Jahren in der autobiographischen Erzählung *Montauk* von der »lebenslänglichen Dankesschuld« zu befreien suchte und die einstige Freundschaft als »fundamentales Unheil« für sich abtat.

Und nicht nur zu viele und zu große Wohltaten können die Freundschaft in Frage stellen, sondern auch zu viele und zu große *Belastungen*. Den Freund immer aufs Neue mit den eigenen Schwierigkeiten zu befassen, muss den Eindruck in ihm wachrufen, als Schuttabladeplatz zu fungieren. Aus Furcht vor Überlastung und Kontamination verweigert er irgendwann die Aufnahme weiterer Lasten. Dabei steht das Maß dessen, was Freunde sich zumuten können, nicht objektiv fest, sondern hängt von ihrer subjektiven Verfassung ab und auch davon, was sich im Laufe der Zeit schon angestaut hat. Ein Gespür für das richtige Maß kommt auf dem Weg von Erfahrung und Besinnung zustande, Gefühle sind daran beteiligt: Ahne ich vorweg, das rechte Maß zu überschreiten, wenn ich mit diesem Problem auf den Anderen zukomme, sehe ich besser davon ab. Stellt sich hinterher das Gefühl ein, definitiv zu weit gegangen zu sein, überlege ich besser gleich selbst, wie das wieder gutzumachen ist.

6. Wie in der Liebesbeziehung kann auch in der Freundschaft die *Geldfrage* zum Problem werden, nicht so sehr als wiederkehrende und vor sich hinschwelende Frage der Verteilung von Gütern und Lasten, eher als Ad-hoc-Frage: Einer ist in materieller Not und der Andere springt ihm mit einem geliehenen oder geschenkten Betrag bei. Das scheint der Ethik der Freundschaft zu entsprechen, wonach »unter Freunden alles gemeinsam ist« (*koina ta philon*), nach einem Satz aus der Schule des Pythagoras, den Aristoteles zitiert.

Die Folge kann jedoch übermäßiger Leichtsinn sein, da der Freund ja ohnehin für alles einsteht. Wenn alles gemeinsam ist, hat es mit der Rückgabe eines geliehenen Betrages keine Eile. Nur ein selbstauferlegter Ehrenkodex, klare Absprachen und ihre zuverlässige Einhaltung können die Freunde davor bewahren, Geldfragen auf die leichte Schulter zu nehmen. Ansonsten entsteht daraus mit großer Wahrscheinlichkeit ein Unruheherd: Der Gebende kommt zur Überzeugung, dass der Andere, der solche Dinge so nachlässig handhabt, kein wahrer Freund sein kann. Der Empfänger findet, in der wahren Freundschaft sollten solche Dinge keine Rolle spielen. Die Freundschaft, die lange währen soll, bleibt von Geldfragen besser frei. Das gilt auch für Bürgschaften, für diese einseitig verpflichtenden Verträge mit Dritten, die unproblematisch erscheinen, aber selten Freude bereiten, wenn sie in Anspruch genommen werden. Kaum einer kann, wenn es ums Geld geht, so gelassen bleiben wie Antonio in William Shakespeares Komödie *Der Kaufmann von Venedig* von 1600 (Akt 1, Szene 1), der seinem Freund Bassanio versichert, »meine äußersten Mittel liegen ganz unverschlossen für deine Bedürfnisse da«. Um mit demselben Gleichmut die unvermeidlich folgende Tragödie in Kauf zu nehmen.

7. Zum Problem kann in der Freundschaft, wie in der Liebesbeziehung, zudem die *Sexfrage* werden, allerdings kaum je irgendwelcher Sex zwischen den Freunden selbst, es sei denn in gemischtgeschlechtlichen Freundschaften. Problematisch werden vielmehr mögliche und wirkliche Akte mit Dritten, zu denen der Freund, die Freundin bereits in Beziehung steht oder an denen er/sie interessiert ist. Unruhe stiftet manchmal schon die unterschiedlich ausgeprägte Attraktivität der Freunde: Dass einer *sexy* wirkt, der Andere weniger, kann ein Anlass für Neid und Eifersucht sein, denn sexuelle Anziehungskraft ist eine Eigenschaft, die einem Menschen Zugang zu interessanten und intensiven Erfahrungen verschafft. Einbußen in diesem Bereich können seinen Kern antasten und den Boden für Endlosketten von Rivalität, Neid, Eifersucht, Verletzung und Ent-

täuschung bereiten, auch zwischen besten Freunden und Freundinnen, ein beliebtes Romansujet.

Die Freunde tun gut daran, ihre Interessensphären getrennt zu halten, um sich nicht in die Quere zu kommen, ganz nach dem Grundsatz: Nicht um dieselben Ressourcen konkurrieren! Mit ihrer Ethik der Freundschaft können sie *Tabus* in Kraft setzen und die Freundin oder Frau des Freundes, den Freund oder Mann der Freundin für unantastbar erklären. Sollten sie aber demselben Mann, derselben Frau zuneigen, liegt es an ihnen, sich frühzeitig darüber einig zu werden, wer weitere Anstrengungen unternehmen darf. Algernon und Jack in Oscar Wildes Stück *Ernst sein ist alles* hätten das rechtzeitig beherzigen sollen, wenngleich die Komödie dann deutlich an Reiz verloren hätte. Aber nur im Theater bleibt es bei einer Komödie, im wirklichen Leben kann unversehens eine Tragödie daraus werden.

8. Zum Problem für die Freundschaft wird die *Machtfrage*, Macht als Möglichkeit der Einflussnahme auf etwas oder jemanden verstanden. Bereits durch ihr bloßes Dasein nehmen die Freunde

Einfluss aufeinander, insofern kann die Freundschaft nicht gänzlich frei von Macht sein. Kommt es jedoch zu Kämpfen um den größeren Einfluss, stört und zerstört dies die Wechselseitigkeit des Verhältnisses auf gleicher Augenhöhe. Schon der Versuch zur nachdrücklichen Einflussnahme, und sei er noch so gut gemeint, kann das Verhältnis belasten, wenn beispielsweise der Freund zu einer Entscheidung gedrängt wird: »Entweder du brichst den Kontakt zu diesem Menschen ab, oder …« Mit einem Ultimatum den Anderen dazu zu nötigen, klein beizugeben, ist sinnlos, denn Freundschaft kann kein Verhältnis von Siegern und Verlierern sein.

Die Selbstbestimmung des Anderen zu respektieren, ist das Grundelement der Freundschaft. Freundschaft ist keine Herrschaft.

Die Selbstbestimmung des Anderen zu respektieren und nicht über ihn bestimmen zu wollen, ist das Grundelement einer Ethik der Freundschaft. Freundschaft ist keine Herrschaft. Nur der Verzicht auf jede forcierte Form von Machtausübung ermöglicht, in der Freundschaft die Utopie eines machtfreien Raums zu verwirklichen, die in keiner anderen Beziehung eine Chance auf Realisierung zu haben scheint. Besser wäre daher, auf eine Schwierigkeit aus eigener Sicht hinzuweisen und dem Freund zu sagen: »Wenn ich an deiner Stelle wäre, würde ich dies tun, aus jenen Gründen. Du kannst das anders sehen, aber ich will, dass du meine Meinung kennst und alle Gründe im Blick hast. Letztlich ist es deine Entscheidung, und ich akzeptiere sie in jedem Fall.«

9. Ein schier unlösbares Problem ist die *Loyalitätsfrage*, die freundschaftliche Art, Treue einzufordern und Untreue zu sanktionieren, zuweilen verquickt mit der Machtfrage: »Wenn du jetzt nicht zu mir hältst, kannst du nicht mehr mein Freund sein!« Nicht nur ausgesprochen, sondern auch unausgesprochen schwebt diese Drohung im Raum. Soll ich für den Freund etwa sogar dann einstehen, wenn er bei seinen Schwierigkeiten mit Dritten im Unrecht sein sollte? Auch in anderen Situationen kann es schwerfallen, sich im Zweifelsfall zwischen der Beziehung zum Freund

und anderen Beziehungen zu entscheiden. Wenn ich ihn meinerseits beiseiteschiebe, weil mir nun »etwas Anderes« wichtiger ist, kann dies seiner Vermutung Nahrung geben, es habe sich ohnehin nur um eine Lust- und Nutzenfreundschaft gehandelt. Aber was soll Priorität haben? Mit wem verbringe ich die zur Verfügung stehende Zeit? Lässt sie sich nicht problemlos aufteilen? Warum nicht? Was folgt daraus?

Das Dilemma wird noch größer, wenn ein befreundetes Paar sich entzweit und jeder mich an seiner Seite wissen will. Und jetzt? Wo ist mein Platz? Mich herauszuhalten ist schwierig, denn mit einem so gleichgültigen Freund weiß keiner etwas anzufangen. Zu jedem zu halten ist schwierig, denn die Kombattanten wollen häufig auch auf dem Umweg über den gemeinsamen Freund nichts mehr miteinander zu tun haben. Egal, wie ich mich entscheide, der jeweils Andere wird es mir nicht verzeihen. Jede Ethik scheitert an *dilemmatischen*, unentscheidbaren Situationen, das gilt auch für die Ethik der Freundschaft. Vielleicht kann ich noch für eine Weile lavieren, in der Hoffnung, dass die Situation sich verändert. Kommt es dennoch zum Schwur, muss ich mich festlegen und die Konsequenzen tragen.

10. Eher lösbar erscheint demgegenüber das Problem der *virtuellen Freundschaft*, das sich aus dem freudigen Auflisten und immer neuen Hinzufügen von »Freunden« in beliebiger Zahl in Internet-Netzwerken ergibt. Eine *Polyphilie* kannte schon Aristoteles, es geht also lediglich um ihre neue Gestalt. Einerseits schützt sie vor Einsamkeit, zumindest vordergründig, andererseits wird eine neue Einsamkeit *online* erfahrbar, denn viele dieser Freundschaften bleiben rein virtuell: Nie ist die ganze Person präsent, nie ist klar, ob der Andere nicht ein ganz Anderer ist. Eine neue Verlegenheit entsteht bei virtuellen Freundschaftsanfragen, die weder bejaht noch verneint werden können.

Aber einige Fragen kann jede und jeder für sich selbst beantworten: Ist Freundschaft für mich mehr als der momentane Nutzen, mich nicht allein fühlen zu müssen, mehr als die momentane Lust, jederzeit mit allen in Verbindung treten zu können? Gebe ich in elektronischen Netzwerken nicht ohnehin allzu bereitwillig Privates preis, das nie mehr aus dem Netz verschwindet? Werden die geäußerten Gedanken und Gefühle nicht in Datenbanken gespeichert und für alle denkbaren Zwecke weiter verwertet? Wird die virtuelle Freundschaft nicht zu sehr dazu missbraucht, kommerzielle Produkte wirksamer bei potenziellen Kunden zu platzieren? Es ist Sache des Einzelnen, nicht sein ganzes Leben dem Netz anzuvertrauen. Mit der Begrenzung der Virtualität wird die Zeit frei, Freundschaften aller Art zwischendurch wieder auf *analoge* Weise zu pflegen, ohne digitale Dokumentation miteinander zu sprechen, ein wirkliches Gesicht vor sich zu sehen, sich bei einem realen Glas nahe zu sein und das Gefühl zu genießen, in diesen Momenten das Menschsein voll und ganz in sich zu spüren.

Selbst wenn die Freunde sich lange Zeit nicht gesehen haben, ist sofort die alte Vertrautheit wieder da. Es fühlt sich an, als wäre keine Zeit vergangen.

Und wenn die Freundschaft endet? Dann muss sie nicht, wie die Liebe, mehr oder weniger dramatisch aufgekündigt werden. Weder sind abschließende Gespräche noch ärgerliche Kurzbotschaften erforderlich. Nach Möglichkeit sollten die ehemaligen Freunde »die Erinnerung an die Vertrautheit von einst bewahren«, schlug Aristoteles vor. In moderner Zeit war dies lange Zeit die Aufgabe der Ansichtskarte aus dem Urlaub, in digitalen Zeiten abgelöst von einem per Mobiltelefon verschickten Foto oder Video. Max Frisch sandte seinem Freund zuletzt »noch ein Telegramm zu seinem fünfzigsten Geburtstag, von Rom aus« (*Montauk*).

Die Freundschaft kann, wenn sie nicht mehr gepflegt wird, einfach »einschlafen«, ohne ganz verschwinden zu müssen – im Schlaf kann sie sich vielmehr erhalten und erholen. Über längere Zeiten hinweg kann sie ruhen und bei einem Wiedersehen umstandslos wiederbelebt und bruchlos fortgesetzt werden. Soll der Prozess der Auflösung aufgehalten werden, lässt sie sich ohne Weiteres reaktivieren, wenn einer auf den Anderen zugeht, ihm deutlich und nachhaltig Interesse und Wohlwollen bekundet. Selbst wenn die Freunde sich lange Zeit nicht gesehen haben, ist sofort die alte Vertrautheit wieder da. Es fühlt sich an, als wäre keine Zeit vergangen, während die Liebenden schon nach einer kleinen Weile des Getrenntseins auch ohne Trennung erneut nach Vertrautheit suchen müssen: Ihre größere Nähe ist auf die Überschneidung ihrer Welten angewiesen, um die sie sich bei jeder Begegnung von Neuem bemühen müssen, da der vorherige Zustand offenkundig nicht lange konserviert werden kann. Sollte die Wiedergewinnung der Nähe in der Liebe misslingen, sind die Auswirkungen auf das Leben der Beteiligten deutlicher spürbar als bei einer Freundschaft. Ob es irgendwann möglich ist, die Befangenheit in der Liebe mit der Unbefangenheit abzumildern, wie sie in einer Freundschaft üblich ist? Das können nur praktische Versuche klären.

4.
Die Grundlage für vieles: Mit sich selbst befreundet sein

Jeder Freundschaft aber, so Aristoteles in der *Nikomachischen Ethik*, liegt die Freundschaft mit sich selbst zugrunde. Keiner muss sich selbst aufgeben, um ein Freund sein zu können, ganz im Gegenteil: Wer mit sich im Reinen ist und sich selbst mag, der kann auch Andere mögen und für sie da sein. Die Beziehung des Einzelnen zu sich selbst ist grundlegend für vieles im Leben, denn jede und jeder muss mit sich irgendwie umgehen, niemand kann diesem Umgang ausweichen. Aber was ist das für eine Art von Beziehung? Wie ist sie vorstellbar? Da sind ja nicht zwei oder mehrere zu sehen, zwischen denen Beziehungen möglich sind. Da ist nur einer, der aber birgt mehrere oder viele Seiten in sich, die zumindest in der Wahrnehmung nicht immer miteinander verbunden sind, etwa Körper, Seele und Geist. Manche finden eine Selbstbeziehung sogar von Grund auf beunruhigend: Kann sie nicht den Beziehungen zu Anderen vorgezogen werden? Ist das nicht Egoismus?

Keiner muss sich selbst aufgeben, um ein Freund sein zu können, ganz im Gegenteil: Wer sich selbst mag, der kann auch Andere mögen und für sie da sein.

Das Grundproblem vieler Menschen in moderner Zeit ist aber vor allem, sich um ihr Selbst zu ängstigen, denn die *Energie*, aus der heraus sie leben, wird von allen Seiten beansprucht und abgezogen: In der Familie von Anderen, in der Arbeit von allen möglichen Anforderungen, auf der Straße von Werbetafeln, im Internet von tausend Möglichkeiten, beim Gebrauch aller möglichen Medien von einem stets anschwellenden Informations- und Kommunikationsfluss. Und es sind die überhöhten Ansprüche des Einzelnen an sich und das Leben, die das Selbst auslaugen und in die Erschöpfung treiben. Ausgerechnet die *Selbstüberhöhung*, das Streben nach gottgleicher Perfektionierung, führt zum *Selbstverlust.* Die Kräfte schwinden beim Versuch, sich selbst neu zu erschaffen und ewig jung zu bleiben, unantastbar für alles Negative, für Schwäche, Misserfolg, Verletzung, Krankheit, Altern und Tod; ein aussichtsloses Unterfangen.

Selbstfreundschaft zu gewinnen, setzt *Selbstaufmerksamkeit* voraus. So wie ein Mensch, der die Aufmerksamkeit Anderer entbehrt, sich von ihnen missachtet fühlt, fühlt er sich von sich selbst missachtet bei einem Mangel an Aufmerksamkeit auf sich. Eine Anregung und einen Anstoß zur Selbstaufmerksamkeit gibt ihm ein eigener Impuls oder die Aufmerksamkeit eines Anderen auf ihn etwa im Gespräch. Aber wer ist da auf wen aufmerksam, wenn das Selbst aufmerksam auf sich ist? Aufmerksam ist das *vorgestellte* Ich (das, was ein Ich sich als sein Ich vorstellt) auf das *gegebene* Ich (das, was sich in Erfahrungen und im Spiegel als mutmaßlich wirkliches Ich zeigt), und umgekehrt.

Die Aufmerksamkeit gilt allen Aspekten dessen, was als Selbst wahrgenommen wird und offenkundig aus vielen Teilen zusammengesetzt ist: Der Verfassung des *Körpers* mit all seinen Bedürfnissen und Begierden, der *Seele* mit all ihren bewussten und unbewussten Gefühlen, dem *Geist* mit all seinen Ideen und Gedanken, der *Einbettung* des Selbst in alle Beziehungen zu Anderen, zur Natur und zur Welt. Selbstaufmerksamkeit heißt, achtsamer wahrzunehmen, welche Kräfte im eigenen Selbst wirksam sind, welche Ängste, welcher Mut, welche Stärken, welche Schwächen, welche Wünsche, welche Möglichkeiten. Fragen stellen sich stets aufs Neue: Was ist los mit mir? Welche Stimmen melden sich in mir zu Wort? Was bedeuten sie? Was geschieht um mich herum? Was bedeutet das für mich? Wie kann ich darauf antworten?

Niemand kann dem Selbst die Antworten auf diese Fragen abnehmen. Eine *Selbstbesinnung* dient dazu, Sinn im eigenen Selbst zu finden, also Beziehungen zu begründen zwischen den verschiedenen Seiten des Ich, zwischen Eigenheiten und Fremdheiten in ihm, Können und Nichtkönnen, Gewissheiten und Ungewissheiten, Hoffnungen und Befürchtungen, Vorlieben und Abneigungen, Gewohnheiten und Visionen. Alle Selbstaufmerksamkeit und Selbstbesinnung, alle Aufrichtigkeit gegenüber sich selbst zielt auf ein Kennenlernen dessen, was als gegebenes Selbst vorgefunden und als mögliches Selbst vorgestellt wird. So entsteht eine provisorische, operable *Selbstkenntnis* auf der Basis von reichhaltiger Erfahrung und kritischer Betrachtung seiner selbst, um sich über sich klarer zu werden und mit relativer Gewissheit sagen zu können: »Ich kenne mich.« Klugerweise achtet das Selbst dabei auf die Grenzen der möglichen Kenntnisse und respektiert sie, statt immer weiter »in sich zu dringen«, mit dem Risiko der Selbstverletzung und Selbstzerstörung. Die *Selbstkenntnis* ist die moderate und pragmatische Form der *Selbsterkenntnis*, ihr lebbares Maß, getreu dem Satz, der das »Erkenne dich selbst« im delphischen Tempel ursprünglich ergänzte: »Nichts im Übermaß.« Aber alle Selbstkenntnis ist nur die Voraussetzung für den nächsten Schritt.

Auf der Basis von Selbstaufmerksamkeit, Selbstbesinnung und Selbstkenntnis wird erst das möglich, was moderne Menschen leisten müssen, wenn sie nicht mehr von außen definiert werden wollen: Die *Selbstdefinition*. Sie ist die Antwort auf die moderne Grundsituation der Freiheit, in der kein Anderer mir mehr sagen kann, wer ich bin, und schon gar nicht »das Gesetze«, von dem in der *Bach-Kantate* 132, Bass-Arie, noch die Rede sein konnte: »Frage das Gesetze, / Das wird dir sagen, wer du bist.« Mit dem Gesetz waren metaphysische Vorgaben gemeint, ausweislich heiliger Schriften und religiöser Deutungen, die dem Einzelnen klarmachten, dass er ein Kind Gottes sei und seinen Weisungen zu folgen habe. Die moderne Situation ist eine andere: Frage dich selbst, wer du bist, und wenn du Glück hast, hilft dir ein guter Freund dabei mit dem Blick von außen auf dich. Oder ein Coach.

Eine ganze Reihe von Punkten hat ein Individuum für sich selbst zu definieren, eine Selbstklärung und Selbstgestaltung auf der Basis von Selbstkenntnis, keine beliebige Selbsterschaffung. Wer die Eckpunkte seines *Kernselbst* festlegt, wird als Gestalt mit Ecken und Kanten erkennbar, nicht etwa unabänderlich für immer, aber so nachhaltig wie möglich, denn sonst könnte von einem festen Kern nicht die Rede sein. Ein gänzlich flüssiges, *fluides Selbst* würde weder zu sich noch zu Anderen verlässliche Beziehungen unterhalten können. Es sind, schon aus Gründen der Überschaubarkeit, etwa sieben Eckpunkte, die das Kernselbst bestimmen, immer wieder neu überdacht in einer Selbstbesinnung:

1. Was sind meine *wichtigsten Beziehungen* der Liebe und der Freundschaft, über die ich mich definieren will? Von vornherein spielen Beziehungen zu Anderen eine entscheidende Rolle für die Selbstbeziehung, aber niemand außer mir selbst kann bestimmen, welche die wichtigsten sind, um die ich mich in besonderem Maße kümmern will, um sie zu bewahren.

2. Was sind die *wichtigsten Erfahrungen* in meinem Leben, die fester Bestandteil meiner selbst bleiben sollen? Moderne Menschen machen Tag für Tag zahllose Erfahrungen, in denen sie sich verlieren können, wenn sie nicht die wichtigsten herausfiltern, in denen sie sich wiederfinden können, sobald sie sich an sie erinnern.

3. Was ist *mein Traum*, dem ich im Leben folgen will, mein Glaube, mein bestimmter Weg und vielleicht mein Lebensziel, meine Idee, meine Sehnsucht? Damit gewinnt das Leben ein Wohin, Wofür, Wozu, fern von jeder Gleichgültigkeit. Aber wer sonst könnte das ausfindig machen und festlegen, wenn nicht ich selbst, wenngleich vielleicht im Gespräch mit Anderen?

4. Was sind die *bestimmten Werte*, die ich hochhalten will, an deren Realisierung ich aber auch selbst arbeite? Viele klagen über einen Werteverlust in der Gesellschaft, aber den gibt es nur, weil zu viele Individuen sich zu wenig um die Realisierung von Werten in ihrem eigenen Leben kümmern. Und welcher Wert soll im Zweifelsfall Vorrang haben, wenn etwa zwischen Freiheit und

Bindung, Risiko und Sicherheit, Konsequenz und Nachgiebigkeit zu wählen ist?

5. Welche *Gewohnheiten* will ich sorgsam pflegen, in denen sich das Leben wohnlich einrichten lässt? Gewohnheiten ermöglichen Gelassenheit, da vieles in ihnen wie von selbst geschieht. Und welche gewohnheitsgleichen Charakterzüge will ich stärken: Geiz oder Großzügigkeit? Ungeduld oder Duldsamkeit? Zögerlichkeit oder Entschlossenheit?

6. Was sind *meine Ängste*, die einfach da sind, meine Verletzungen, die ich erfahren habe, meine Traumata, gegen die ich nicht ankomme, die ich aber in mein Selbst integrieren kann? Diese Seite des Lebens ausschließen zu wollen, liegt nahe, kostet jedoch unsinnig viel Kraft und ist ohnehin vergeblich. Daher der Versuch, sie als Bestandteil des Selbst zu sehen, um alle Kraft dafür übrig zu haben, gut damit zurechtzukommen. Hilfreich ist dabei die Frage:

7. Was ist das *Schöne*, an dem ich mein Leben orientieren kann? Was sind die schönen Momente, Anblicke, Arbeiten, Lüste, Gespräche, Gedan-

ken, zu denen ich vorbehaltlos Ja sagen kann? Sie können sehr viel Sinn vermitteln und zu einer endlos ergiebigen Quelle von Kraft werden, mit der mühelos auch größte Schwierigkeiten zu bewältigen sind.

Eine sinnvolle *Übung* auf dem Weg zum Kernselbst könnte sein, sich selbst oder wohlwollenden Anderen die Eckpunkte mündlich, schriftlich, bildlich zu vergegenwärtigen und sie sich selbst dabei vielleicht erstmals bewusstzumachen, sie zu definieren und gegebenenfalls zu modifizieren. Ein leicht handhabbares Medium hierfür ist die *Geschichte*, die das Selbst sich und Anderen von sich erzählt: »Das bin ich, das ist meine Geschichte.« Dass Menschen oft und gerne ihre Geschichte erzählen, hat seinen Grund in der Notwendigkeit immer neuer Selbstvergewisserung und ist zugleich eine Verfertigung des Selbst, bei der auch zusammengefügt wird, was nicht zusammengehört. Die

Was sind die schönen Momente, Anblicke, Arbeiten, Lüste, Gespräche, Gedanken, zu denen ich vorbehaltlos Ja sagen kann?

Erzählung der eigenen Geschichte ist keineswegs nur *Erinnerung*, sondern auch *Erfindung*, um das Selbst und sein Leben auf »versponnene« Weise zusammenzusetzen. Dass ein Anderer zuhört, regt zur Erzählung an, ermuntert und ermutigt dazu. Zeitlicher Abstand erzeugt die Vorstellung räumlicher Ferne, die das Geschehene wie einen Gegenstand am Horizont der Existenz erscheinen lässt und das Selbst zu einem Gemälde macht, das in Ruhe betrachtet werden kann: Welche Konturen treten deutlich hervor, welche verblassen, welche Farben fehlen?

Ein wichtiges Medium der Selbstgestaltung ist aber vor allem der Umgang mit Dingen und die Arbeit mit ihnen, auch mit elektronischen Dingen. Für jede Arbeit gilt der Grundsatz: Durch die Arbeit an etwas wird das Selbst bearbeitet (*fabricando fabricamur* im Lateinischen). Die Art und Weise der Arbeit, jeder Art von Arbeit, die Haltung, mit der gearbeitet wird: All das wirkt auf das Selbst zurück, und dies so sehr, dass auch Charaktereigenschaften davon geprägt und verändert werden. Das geschieht in jedem Fall, die

Frage ist nur, ob dies auch so verstanden wird: Arbeit als Askese, um sich zu üben und durch Übung und Gewöhnung sich selbst zu gestalten. Selbstvertrauen, Selbstfreundschaft und Selbstliebe können darauf gegründet werden.

Die Arbeit an der Integrität des Selbst hat letztlich zum Ziel, ein schönes, bejahenswertes Selbst zu gestalten, das mit sich befreundet sein kann. Selbstfreundschaft hängt davon ab, dass den gegensätzlichen Seiten im eigenen Selbst Raum gegeben werden kann. Das erfordert, die widerstreitenden Teile in ein gedeihliches Verhältnis zueinander zu setzen, sie im Idealfall zur spannungsvollen Harmonie zusammenzuspannen, bei der mal die eine, mal die andere Seite zum Zug kommt, keine aber allein dominiert: Nicht nur Körper und Geist und Denken und Fühlen, sondern auch sich widerstreitende Gedanken und Gefühle wie Furcht und Neugierde, Hoffnung und Enttäuschung, Liebe und Hass, Zärtlichkeit und Zorn, Souveränität und Ängstlichkeit, der Freiheitsdrang und das Bedürfnis nach Bindung.

Eine gute Übung der Selbstbefreundung besteht darin, sich mit den eigenen Launen zu befreunden, die nicht zu übergehen sind: In ihnen kommen momentane Gedanken, Gefühle, Wünsche und Ängste zum Ausdruck, die, jeweils ein Ich für sich, das gesamte Selbst für sich allein in Anspruch nehmen wollen. Es ist sinnlos, nach den Gründen dafür zu fahnden, denn es geht nur um eine Stunde, einen Tag. Das innere Machtspiel mit einem Machtwort zu beenden, ist wirkungslos, eine konstante innere Verfassung über alle Tage hinweg wird es nicht geben. Wirksamer erscheint, den Launen den Raum zu geben, den sie brauchen, und mit ihrem täglichen Wechsel zu leben.

Immer geht es dabei, wie in der Freundschaft mit Anderen, um *Wechselseitigkeit* statt Einseitigkeit, wechselseitiges *Wohlwollen* statt Übelwollen und *Offensichtlichkeit* des Wohlwollens anstelle seiner Verborgenheit in einem inneren Schweigen. Selbstfreundschaft gibt es nicht bei denen, die »mit sich uneins sind«, sich selbst fliehen und bei Anderen nur Vergessen suchen: »Nichts Liebenswertes« haben sie an sich, meint Aristoteles, also können sie auch »kein freundliches Gefühl« für sich selbst empfinden. Ganz anders verhält sich dies bei denen, die ihr Selbstverhältnis klären. Eine Selbstberührung seelischer Art ist darin zu sehen; nicht etwa, um die Selbstfremdheit gänzlich zu überwinden, sondern um ein lebbares Verhältnis auch noch zum Fremden in sich zu gewinnen. Sich zu befreunden, wenn schon nicht mit dem Anderen und Fremden in sich, so doch mit dem Gedanken, dass es dieses Andere eben gibt und dass es trotz allem Teil des Selbst ist. Die Selbstfreundschaft zielt darauf, eine ruinöse Feindschaft in sich zu vermeiden, denn eine fragwürdige Beziehung zu sich hat ungute Auswirkungen auf die Beziehung zu Anderen: Wer »mit sich selbst nicht im Reinen ist«, also die inneren Verhältnisse seiner selbst nicht geklärt hat, der ist viel zu sehr mit sich beschäftigt, als dass er sich Anderen zuwenden könnte.

Die Selbstfreundschaft ist sogar noch steigerungsfähig und kann zur *Selbstliebe* werden, die als die intimere, wenngleich aus diesem Grund wohl auch weniger freie Selbstbeziehung verstanden werden kann. Der zugrunde liegende griechische Begriff *philautia* steht außer für Selbstfreundschaft auch für Selbstliebe. Gibt es nicht sogar im Christentum, der Religion der Liebe, diesen Satz, den alle kennen, aber nicht alle beherzigen: »Liebe deinen Nächsten wie dich selbst« (*agapeseis ton plesion sou hos seauton* im Griechischen, gemäß den Evangelien nach Matthäus und Lukas, zurückgehend auf 3. Mose 19,18)? »Wie dich selbst« (*hos seauton*), ausdrücklich also *nicht* »anstelle deiner selbst«: Die Selbstliebe gilt offenkundig als Grundlage für die Nächstenliebe, auch wenn das theologisch nicht immer so erklärt worden ist. Wann in der Geschichte ist das »Wie dich selbst« abhandengekommen?

Eine historische Zäsur lässt sich spätestens um 370 n. Chr. konstatieren, als Basilius der Große seine Schrift *Asketikon* mit »längeren Regeln« für das Mönchtum formuliert: Kaum ist das vollständige Liebesgebot, Gott zu lieben sowie den Nächsten wie sich selbst, korrekt zitiert, fällt die vorausgesetzte Selbstliebe in der darauf folgenden Interpretation weg, bevor sogar ausdrücklich vor ihr gewarnt wird. Dieses Grundmuster bleibt über viele Jahrhunderte christlicher Geschichte hinweg erhalten. Warum aber wurde trotz aller Verkündung der Nächstenliebe ohne Selbstliebe in all dieser Zeit der Egoismus nicht besiegt? Wohl weil es vergeblich ist, sich dem Nächsten zuzuwenden, wenn die Selbstliebe nicht die Kräfte dafür zur Verfügung stellt. Die müssen erst gewonnen werden, um verausgabt und verschenkt werden zu können. Es mangelt an der Ethik im Umgang mit Anderen in dem Maße, in dem es an der Ethik im Umgang mit sich selbst fehlt. Wo also, wenn nicht in der Freundschaft mit sich und Selbstliebe, wäre die Ethik besser zu erlernen und einzuüben?

Bleibt nur die Frage, wie sich der *maßvolle* Narzissmus einer Selbstfreundschaft oder Selbstliebe vom *übermäßigen* Narzissmus einer Selbstsucht oder Egozentrik unterscheiden lässt: Ist der Übergang nicht fließend? In Anlehnung an Aristoteles lässt sich jedoch ein klares Unterscheidungsmerkmal benennen: Die Zwecksetzung. Ist die Selbstliebe nur Selbstzweck, handelt es sich um eine *egoistische Selbstliebe*, das Ich steht allein im Zentrum. Das kann problematisch sein, nicht so sehr aus moralischen Gründen, sondern aus Gründen des Selbstverhältnisses, denn so wird eine Selbstbeziehung im Modus der Selbstbezogenheit befördert, die das Selbst von Anderen entfernt und zu einem Einschluss in sich selbst führt, der ihm selbst am meisten schadet: Den Zuspruch und die Hilfe Anderer muss es entbehren.

Ermöglicht die Selbstliebe aber Beziehungen zu Anderen, insbesondere Freundschaft und Liebe, so handelt es sich um eine *altruistische Selbstliebe*. Sie vermittelt dem Selbst die Ressourcen, die es ihm erlauben, auf Andere zuzugehen und für sie da zu sein, eine Selbstbeziehung im Modus der Zuwendung zu Anderen. Wer sich selbst auf diese Weise liebt, ist zu freien Beziehungen zu Anderen in der Lage und bedarf ihrer nicht bloß als Mittel der Selbstfindung und Bedürfnisbefriedigung. Die Beziehungen zu Anderen gewinnen im selben Maße an Reichtum, in dem sie vom unmittelbaren Eigeninteresse des Selbst frei sind. Mittelbar kommt dies dann doch wieder dem Selbst zugute, denn innerlich reich wird es im Leben letztlich nicht durch sich allein, sondern durch Andere. Die Zuwendung zu Anderen darf daher als Akt der Selbsterfüllung erscheinen und muss nicht als Selbstverzicht verbrämt werden. Der Kern der Sorge für Andere ist die Sorge für sich selbst, die Selbstfreundschaft und Selbstliebe. Wir sollten uns davon lösen, dies für unverantwortlichen Egoismus zu halten.

Textnachweis

Die Texte 1-3 stammen aus Erörterungen zur Freundschaft in: Wilhelm Schmid, *Dem Leben Sinn geben. Von der Lebenskunst im Umgang mit Anderen und der Welt*, 2013, Suhrkamp Taschenbuch.

Der abschließende Text fasst Überlegungen zur Selbstfreundschaft zusammen, vertieft in: Wilhelm Schmid, *Mit sich selbst befreundet sein. Von der Lebenskunst im Umgang mit sich selbst*, 2004, Suhrkamp Taschenbuch.

Hervorgehobene Sentenzen wurden vor der Publikation des vorliegenden Buches vom Autor selbst in teils veränderter Form getwittert: @lebenskunstphil.

Zum Autor

Wilhelm Schmid, geboren 1953 in einem Ortsteil von Krumbach (Bayerisch-Schwaben), lebt als freier Philosoph in Berlin. Er studierte Philosophie und Geschichte in Berlin, Paris und Tübingen. Bis zur Altersgrenze lehrte er Philosophie als außerplanmäßiger Professor an der Universität Erfurt. Zeitweilig war er tätig als Gastdozent in Riga/Lettland und Tiflis/Georgien sowie als philosophischer Seelsorger an einem Krankenhaus in der Nähe von Zürich/Schweiz. 2012 wurde ihm der deutsche Meckatzer-Philosophie-Preis für besondere Verdienste bei der Vermittlung von Philosophie verliehen, 2013 der schweizerische Egnér-Preis für sein Werk zur Lebenskunst. Umfangreiche Vortragstätigkeit im In- und Ausland zu den Themen seiner Bücher, die auch in zahlreichen Übersetzungen vorliegen.
www.lebenskunstphilosophie.de.
YouTube: Wilhelm Schmid – Philosophische Spaziergänge.

Buchpublikationen:

Den Tod überleben. Vom Umgang mit dem Unfassbaren, 2024, Insel Verlag.

Schaukeln. Die kleine Kunst der Lebensfreude, 2023, Insel Verlag.

Heimat finden. Vom Leben in einer ungewissen Welt, 2021, Suhrkamp Taschenbuch.

Von der Kraft der Berührung, 2019, Insel-Bücherei.

Selbstfreundschaft. Wie das Leben leichter wird, 2018, Insel Verlag.

Vom Schenken und Beschenktwerden, 2017, Insel-Bücherei.

Das Leben verstehen. Von den Erfahrungen eines philosophischen Seelsorgers, 2016, Suhrkamp Taschenbuch.

Von den Freuden der Eltern und Großeltern, 2016, Insel-Bücherei.

Vom Nutzen der Feindschaft, 2015, Insel-Bücherei.

Sexout. Und die Kunst, neu anzufangen, 2015, Insel Verlag.

Vom Glück der Freundschaft, 2014, Insel-Bücherei.

Gelassenheit. Was wir gewinnen, wenn wir älter werden, 2014, Insel Verlag.

Dem Leben Sinn geben. Von der Lebenskunst im Umgang mit Anderen und der Welt, 2013, Suhrkamp Taschenbuch.

Unglücklich sein. Eine Ermutigung, 2012, Insel Verlag.

Liebe. Wie sie gelingt, Neuausgabe 2021, Insel Verlag. Ursprünglich: *Liebe. Warum sie so schwierig ist und wie sie dennoch gelingt,* 2011, Insel Verlag.

Die Liebe atmen lassen. Von der Lebenskunst im Umgang mit Anderen, Taschenbuchausgabe 2013. Ursprünglich: *Die Liebe neu erfinden,* 2010, Suhrkamp Verlag.

Ökologische Lebenskunst. Was jeder Einzelne für das Leben auf dem Planeten tun kann, 2008, Suhrkamp Taschenbuch.

Glück. Alles, was Sie darüber wissen müssen, und warum es nicht das Wichtigste im Leben ist, 2007, Insel Verlag.

Die Fülle des Lebens. 100 Fragmente des Glücks, 2006, Insel Taschenbuch.

Die Kunst der Balance. 100 Facetten der Lebenskunst, 2005, Insel Taschenbuch.

Mit sich selbst befreundet sein. Von der Lebenskunst im Umgang mit sich selbst, 2004, Suhrkamp Taschenbuch.

Schönes Leben? Einführung in die Lebenskunst, 2000, Suhrkamp Taschenbuch. Neue Ausgabe 2017, Suhrkamp Pocket.

Philosophie der Lebenskunst – Eine Grundlegung, 1998, Suhrkamp Taschenbuch Wissenschaft.

Was geht uns Deutschland an? Ein Essay, 1993, Edition Suhrkamp.

Auf der Suche nach einer neuen Lebenskunst, 1991, Suhrkamp Taschenbuch Wissenschaft.

Die Geburt der Philosophie im Garten der Lüste, 1987, Suhrkamp Taschenbuch.

Zu den Illustratorinnen

Alexandra Klobouk, geboren 1983 in Regensburg, ist Kulturillustratorin und Autorin. Ihre Bücher wurden bereits zweifach unter die 25 schönsten deutschen Bücher gewählt, zuletzt gestaltete sie eine Spezialausgabe über Lissabon für das *ZEITmagazin.* Im Frühjahr 2014 erschien ihr Buch *Die portugiesische Küche*, das sie gemeinsam mit Eva Gonçalves gestaltet hat. Alexandra Klobouk lebt in Berlin.

Eva Gonçalves, geboren 1983 in Südportugal, arbeitet als Designerin, Artdirektorin und Autorin in Berlin und Lissabon. Neben ihrer gestalterischen Arbeit ist sie Mitherausgeberin des Berliner Interviewmagazins *mono.kultur* und schreibt für Blogs und Printmedien über Kunst und Design. Eva Gonçalves und Alexandra Klobouk arbeiten regelmäßig an gemeinsamen Projekten.

 Bezugspapier: Alexandra Klobouk und Eva Gonçalves. Gesetzt in der Schrift Adobe Garamond Pro. Gedruckt auf holzfreies, alterungsbeständiges Werkdruckpapier der Firma LENK Paper Schleipen GmbH, Bad Dürkheim, von der Memminger MedienCentrum AG, Memmingen. Gebunden in Fadenheftung von der Josef Spinner Großbuchbinderei GmbH, Ottersweier. Dieses Buch wurde klimaneutral produziert: climatepartner.com/14438-2110-1001. Printed in Germany.

Erste Auflage 2014. ISBN 978-3-458-20505-0.

www.insel-verlag.de